文豪たちの明暗

太宰治、芥川龍之介、坂口安吾、川端康成の霊言

Ryuho Okawa
大川隆法

まえがき

「文は人なり」と言うが、文章でつづった作品は作者の人格が反映した、一つの芸術空間である。その芸術空間が、光の中にあるか、闇の中にあるかを問うた問題作が、本作である。

今では、小説だけではない。マンガ、アニメ、映画、楽曲、劇、テレビのドラマ、様々な媒体に、光と闇の芸術が展開されている。

大事なことは、作者が有名であるとか、本や映画に読者が食いつき、金がもうかったかということではない。

実在世界には、厳然《げんぜん》として天上界と地獄界が存在する。その作品の価値観がどの世界に属しているのかを見抜くことである。
本書はそのためのよき入門書となるだろう。

二〇二〇年　十月三十日

幸福《こうふく》の科学《かがく》グループ創始者兼総裁《そうししゃけんそうさい》　大川隆法《おおかわりゅうほう》

文豪たちの明暗　目次

第一部　「破滅《はめつ》型人生」と「救いの蜘蛛《くも》の糸」
――太宰治《だざいおさむ》、芥川龍之介《あくたがわりゅうのすけ》の霊言《れいげん》――

二〇二〇年八月七日　収録
幸福の科学 特別説法堂《せっぽうどう》にて

第1章　太宰治の霊言

2

文豪《ぶんごう》たちの生き様《ざま》を論ずる　

第2章　芥川龍之介の霊言

二〇二〇年八月七日　収録
幸福の科学　特別説法堂にて

第二部　「神への反逆者」と「美の奉仕者《ほうししゃ》」

――坂口安吾、川端康成の霊言――

二〇二〇年八月八日　収録
幸福の科学　特別説法堂にて

第1章　坂口安吾の霊言

3

「堕落論《だらくろん》」を広めた重い罪　180

第2章　川端康成の霊言

二〇二〇年八月八日　収録
幸福の科学 特別説法堂にて

第一部　「破滅《はめつ》型人生」と「救いの蜘蛛《くも》の糸」

――太宰治《だざいおさむ》、芥川龍之介《あくたがわりゅうのすけ》の霊言《れいげん》――

「霊言現象《れいげんげんしょう》」とは、あの世の霊存在の言葉を語り下ろす現象のことをいう。これは高度な悟《さと》りを開いた者に特有のものであり、「霊媒現象《れいばいげんしょう》」(トランス状態になって意識を失い、霊が一方的にしゃべる現象)とは異なる。

なお、「霊言」は、あくまでも霊人《れいじん》の意見であり、幸福の科学グループとしての見解と矛盾《むじゅん》する内容を含《ふく》む場合がある点、付記しておきたい。

第1章　太宰治《だざいおさむ》の霊言《れいげん》

二〇二〇年八月七日　収録
幸福の科学　特別説法堂《せっぽうどう》にて

太宰治《だざいおさむ》（一九〇九～一九四八）

小説家。青森県生まれ。東京帝国《ていこく》大学（現・東京大学）仏文《ふつぶん》科から除籍《じょせき》。在学中は共産主義運動に関係するが脱退《だったい》、自殺未遂《みすい》を起こす。また、上京直後から井伏鱒二《いぶせますじ》に師事し、一九三五年、『逆行』が芥川《あくたがわ》賞次席となる。その後も、『富嶽百景《ふがくひゃっけい》』『走れメロス』などを発表し、作家としての地位を確立。戦後は無頼派《ぶらい》と呼ばれ、自意識崩壊《ほうかい》の告白をつづった小説『ヴィヨンの妻』『斜陽《しゃよう》』『人間失格』などで流行作家となるも、愛人の山崎富栄《やまざきとみえ》と玉川上水《たまがわじょうすい》で入水《じゅすい》自殺した。

［質問者はAと表記］

〈霊言《れいげん》収録の背景〉

二〇二〇年八月七日、太宰治の代表作『人間失格』の映画を縁《えん》として、太宰治の霊が大川隆法総裁のもとに現れて収録された。

1　生前の人生を振《ふ》り返る太宰治《だざいおさむ》の霊《れい》

今の太宰治の関心事は、自分や自分の作品を好きかどうか

（編集注。背景に大川隆法総裁の原曲、エンゼル精舎《しょうじゃ》・子守唄《こもりうた》「スーパーマンもネンネする」がかかっている）

質問者Ａ　どなたですか。

太宰治　はい、太宰治です。

質問者Ａ　こんばんは。

太宰治　こんばんは。お好きですか。私はお好きですか。作品はお好きですか。

質問者A　『走れメロス』は、学校で勉強しました。

太宰治　私の最近の映画はお好きですか。

質問者A　「人間失格 太宰治と3人の女たち」（二〇一九年九月公開）ですね。

太宰治　面白《おもしろ》かったですか。

質問者A　うーん……。あなた様は、今、どちらの世界に……。

太宰治　あんな人間は、人間失格ですかね。

質問者Ａ　まあ、「どんなふうに世界が見えていたのかな」という感じはしましたけれどもね。

太宰治　うーん……。文学者ってのはねえ、特殊《とくしゅ》な人種《じんしゅ》なんでねえ。芸術のためにはね、本当に、芸術のためには、私生活を目茶苦茶《めちゃくちゃ》にしてしまうところはあるんでねえ。

質問者Ａ　大川先生がいつも教えてくださっていることの一つに、作家のなかでも私小説作家タイプは、もう、自分の生活がハチャメチャになって、廃人《はいじん》になっていきやすいということがあります。自分の体験談でしか書けないので、自分の人生がものすごく破滅《はめつ》的、破壊《はかい》的になってしまう人もいるとおっしゃっているんですね。

あなた様は、その典型的なパターンの方でもあるような気がするのですけれども。

太宰治　うーん……。まあ、勉強をね、勉強を完成させるところまでやる根気《こんき》がないからね。だから、人と酒を飲んでね……、酒を飲んで、女を抱《だ》いて、遊んでしまっちゃうからね。

文学を学びに東大に入ったが、途中《とちゅう》で退廃《たいはい》的な方向に流れる

質問者A　三十八歳《さい》ですか、亡《な》くなったのは。

太宰治　うん。まあ……、そんなもんかな。

質問者A　でも、「人間失格」と自分で思ったということですよね？

太宰治　周《まわ》りの人がそう言ってるから、そうなんだろう。

質問者A　『人間失格』を書いて死なれたんですね。

太宰治　最後でね。まあ、まねはしたらいけない人生ではあろうねえ。

質問者A　そんな感じには思いますよね。

太宰治　あんた、どうだい？　太宰治の妻になってくれるかい？

質問者A　うーん……、それは無理でしょうね（笑）。

太宰治　あれで、子供を何人も産ませていいのかなあ？

質問者Ａ　よくないと思います。

太宰治　三十八で死んで、子供を何人か残して、奥《おく》さん大変だなあ。

質問者Ａ　何がしたかったのでしょう？

太宰治　ええ？　だから、作家だよ。

質問者Ａ　書きたかったことは書きたかったのですね。

太宰治　だから、楽しいか苦しいかは、それは分からんな。何とも言えん。苦しいこともあるし、楽しいこともある。

質問者Ａ　芥川《あくたがわ》（龍之介《りゅうのすけ》）先生の自殺に衝撃《しょうげき》を受けたそうですね。亡くなってから、芥川先生に会われましたか。

太宰治　（約五秒間の沈黙《ちんもく》）いきなり核心《かくしん》に、あなた、球《たま》を投げ込《こ》んでくるんだな。

質問者Ａ　ごめんなさい（笑）。

太宰治　もうちょっと……。

質問者Ａ　もうちょっと、ほかのことをお訊《き》きしましょうか。

太宰治　もうちょっと、こう、〝猶予《ゆうよ》〟があってもいいんじゃないか？

質問者Ａ　そうですね。

では、もともと、ずっと小説家になりたかったんですか。

太宰治　気持ちはあったよ、文学はね、フランス文学に。まあね、東大の仏文《ふつぶん》に入って。だから、そういう気持ちはあったけどさ。

学力足らず、根気足らずで、まあ……、途中《とちゅう》でね、「デカダンス」（フランス語で「退廃《たいはい》」などの意）に入っちゃったからね。酒とね、タバコと女、まあ、バカみたいだな。ほんと、「破滅の三原則」みたいなもの。

質問者Ａ　いや、まあ、典型的なパターンで、勉強にはなりますけれどもね、私たちとしては。

太宰治　そして、お金？　お金に苦労する。ね？

自分を追い詰《つ》め、デモーニッシュな衝動《しょうどう》に追われて原稿《げんこう》を書く

質問者Ａ　見ていると、強い自殺願望があるようですね。

太宰治　それはそうだよ。

質問者Ａ　なぜ、そんなに自殺したかったんですか。

太宰治　やっぱり、そう言ってもね……。いや、いつも遊んでるわけじゃないんだよ。だから、遊びもしているけど、自分を追い詰《つ》めてるんだよ。追い詰めて、デモーニッシュ（悪魔的《あくまてき》）な衝動《しょうどう》に追われて、こう、原稿《げんこう》用紙に書くんだから、けっこう根気が要《い》るんだよ、書くのはね、短くてもね。

質問者Ａ　太宰先生は、そうは言っても、ちゃんと作品も遺《のこ》されてはいますしね。

太宰治　うーん。日本の作家だったらね、「ベスト一〇〇」に入《い》れたら入《はい》ると思うよ。

質問者Ａ　そうですね。いや、現代の作家より、それは、内容はずっと深いと思うんですけれども。

太宰治　うーん。（約五秒間の沈黙）だけど、そうだなあ。作家で完成できた人って少ないだろうね。漱石《そうせき》先生だって、五十ぐらいで、もう、ねえ……。まあ、「修《しゅ》善寺《ぜんじ》の大患《たいかん》」でね、血を吐《は》いてね……、死んでるからね。それは、そうとう胃を傷《いた》めたに違《ちが》いない。

質問者Ａ　確かに、小説家の先生は、自《みずか》ら命を絶っている方も多いんですけれども。

太宰治　そうだね。

質問者Ａ　でも、天国に還《かえ》られている方々もいらっしゃるんですよね。

太宰治　それは不思議だね。

質問者Ａ　でも、「人生をそこまで深く考えた」というところはあるんでしょうけれどもね。

太宰治　三島由紀夫《みしまゆきお》なんか、〝首がなくなった〟んだから、地獄《じごく》でもいいんじゃないのかね？

「川端康成《かわばたやすなり》に私生活を厳しくたしなめられた」ことを振《ふ》り返る

質問者Ａ　川端《かわばた》（康成《やすなり》）先生とは和解はされましたか？

太宰治　川端先生は神様だからね。

質問者Ａ　そうなんですね。

太宰治　ちょっと無理だね。

質問者Ａ　確か、太宰先生の作品が芥川賞にノミネートされたとき、ちょうど、川端先生が選考委員でいらっしゃって、太宰先生の小説を読んで、「作者目下《もっか》の生活に厭《いや》な雲ありて……」と言って、やはり、私生活を厳しくたしなめられたことがあったと思うんですけれども。

太宰治　あんなものね、君ね、そんなの、何の霊感《れいかん》も要らないよ。見りゃ、そのとおりだよ（笑）。

質問者Ａ　（笑）

太宰治　ハハハハハハハッ（笑）。

質問者Ａ　まあ、そうですね。

太宰治　そのとおりで、みんなそうだ。みんな知ってるよ。みんな知ってるよ、そんなのね。へへへッ（笑）。

質問者Ａ　何か、生きているのが、ものすごく苦しそうだったんですけれども。

太宰治　いや、苦しかったよ。いやあー、もう、「人生は大きい荷を背負いて〝短き道〟を行くがごとし」だった。

なぜ、女性が一緒《いっしょ》に死のうとしたのか

質問者Ａ　あと、自殺しようとするときは、いつも女の人と一緒《いっしょ》だったと思いますが。

太宰治　いいんじゃねえの？　おまえ、女。映画は、「３人」と……、うん？　「４人」かな？　「３人」か「４人」か知らんが、「太宰と３人の女」だったっけ？　何

かやって。まあ、文学者がさあ、女、三人や四人は、それはいいんじゃない？

質問者Ａ　あの映画を観《み》て、率直《そっちょく》に思ったことを言ってもいいですか。

太宰治　うん。

質問者Ａ　ちょっと言っていいかどうか分からないのですけれども、その女性がどんな方たちだったかはよく知りませんが、「そんなに自殺したければ、一人で死ねばいいのに」と思ってしまったんですよ。

太宰治　いやあ、それは私だけじゃなくて、その前に、もう文学者の自殺は始まってるからね。

質問者A　でも、いつも女性と一緒に死のうとしていたじゃないですか。

太宰治　いやあ、それは「女に好かれる」っていうか、あんたは分からんかもしらんが、女に惚《ほ》れられたらさあ、もう、「天国でも地獄でもいいから、一緒の所に行きたい」というか、むしろ、奥さんがいるからさ、奥さんと子供がいて、家庭があるからさ。

質問者A　ああ、（家族のことを考えると死ねなくなるから）「一人で死ぬのは無理」ということですか？

太宰治　「奪《うば》い取りたいけど奪い取れないから、死んで、せめて、あの世で奥さんになりたい」って、まあ、そういうところで。これは、女の愛としては、けっこう最高度のあれだよ、〝純粋《じゅんすい》さ〟だよ。

質問者Ａ　確かに……。そうですね。いや、ですから、すごく惚れられてはいたということですね。

太宰治　いや、モテたのはモテたんだよ。

質問者Ａ　才能がおありですしね。モテたんだなとは思いました。

太宰治　だから、デカダンスで、上に上《のぼ》っていく文学じゃなくて、下っていく文学であることは間違いないけどさあ。それもまた、何て言うか……、そのデカダンスの腐敗《ふはい》のさあ、〝腐敗する前の肉〟がいちばんおいしいんだよな。

質問者Ａ　ただ、手元の資料の情報によりますと、亡くなったときに、ちょっと抵《てい》抗《こう》したような跡《あと》もあったので、「太宰先生は、死の直前でも、もう一回生きようと思ったのではないか」と言われているようなところもあると思うんですけれども。

太宰治　うん。映画でも、ちょっと、そういうことを言っとったよな。

質問者A　そうですね。映画もそんな感じでしたし……。

太宰治　「僕《ぼく》はもうすぐ死ぬかもしれないけど、君は生きろよ」とか、「もうちょっと、その間ぐらい生きたらどうか」って言うのに、女に無理強《じ》いされて死んだような描《えが》き方をしてたね。

まあ、いや、女にさあ、女にまとわりつかれたらさあ、なんか、川で素潜《すもぐ》りしてさあ、なかで、もう本当に、足でもさあ、何かに絡《から》み取られたような感じになって、浮《う》かび上がれなくなるんだよなあ。女って、そういうところがあるだろう?

質問者Ａ　黒木瞳《くろきひとみ》さんの出られた映画のようですね。

太宰治　「失楽園《しつらくえん》」か？

質問者Ａ　いえ、お化《ば》けになるほうです。

太宰治　ああー、それは〝お岩《いわ》さん〟か。

質問者Ａ　要するに「怪談《かいだん》」です。

映画「人間失格 太宰治と3人の女たち」を観《み》て

太宰治　うーん。まあ、でも、あれじゃないか。小栗旬《おぐりしゅん》にしちゃあ、まあ、頑張《がんば》っていたほうじゃないか。

質問者A　あっ、どうでしたか？　あの映画（「人間失格 太宰治と3人の女たち」）は。

太宰治　いやあ、わしらは、もっとひどいけどさあ、実物は。だけど、最後、だんだん狂気《きょうき》を帯びてくるところは、頑張っとったんじゃないか。

質問者A　なるほど。

太宰治　やっぱり、二階堂《にかいどう》ふみの脱《ぬ》ぎっぷりがよかったなあ。おっぱい揉《も》み揉みしててね。やらせてくれそうな感じで、よかったじゃないか。それは、映画を観《み》た人も楽しんだことだろう。

質問者Ａ　なるほど。

太宰治　「久しぶりに頑張っとるなあ」っていう、まあ。破滅《はめつ》型の作家が自分の経験を書くのがよいとされた時代もあった

質問者Ａ　一緒に亡くなった女性は、今、一緒にいるんですか。

太宰治　うーん……。

質問者Ａ　やはり、違う世界に行きましたか。

太宰治　厳しいところを突《つ》いてくるなあ。

質問者Ａ　いえ、どうなったのかなと思いまして。
映画はフィクションなので、実際の太宰先生の亡くなり方とは違う可能性もあるのですが、女性のほうからしたら、やはり、「奥さんではないけれども、一緒に死ぬことで、永遠にずっと、太宰先生を自分のものにしたい」という感じで亡くなっていくんですね。
まあ、一緒に死ぬぐらいなので、実際もそうとう、太宰先生のことを好きではあったのだろうと思うのですけれども。

太宰治　はあ……（息を吐く）。

質問者Ａ　こういう場合は、死後、別れるのでしょうか。

太宰治　まあ、今と違うからねえ。昔は、いろいろ、ああ……（息を吐く）、もっと倫理的《りんり》にはきつい面もあったしなあ。

いや、遊びは遊びでね。金を払《はら》えば遊べるところはあったけどさあ、そういうところでない女性の場合とかだったらさ、まあ、下手《へた》したら、もう姦通罪《かんつうざい》なんかもあった時代もあるからね。

質問者Ａ　ああ、そうですね。

太宰治　けっこう、家族崩壊《ほうかい》に対しては、世間《せけん》は今より厳しかったと思うよ、おそらくね。

それだから、酒やタバコ等でね、自分をごまかしながら……。やっぱり、それはね、精神を病《や》むんだよなあ、やっぱり。いやあ、なかなか書けるもんじゃないよね。だけど、実際に体験したことだったら書けるじゃない、なんか。

質問者A　まあ、そうですね。

太宰治　ねえ？　そらあ、今日あったことを書きゃあいいんだろ？　だから、そういう、自分が主人公で、自分が体験したことを書けば、それがいちばん書きやすいわな。

だけど、「構想を立てて知識で書く」とかいうふうになると、もうちょっと真面《まじ》目《め》な時間が長くないと厳しいし、籠《こ》もらないと無理だからね。だから、生活がかかってくると急に厳しくなるんだよ。奥さんや子供がいるとかさあ、愛人はできても、また子供を産んだりとかもしたりしたしね。

女ってさあ、情念《じょうねん》の生き物じゃない？　だからね、小説では、なんか、もうちょっと美しく書いてやりたいんだけど、本当はさあ、やっぱり、妖怪《ようかい》みたいなところはあるよな？　女ってな。もう、しゃぶりついてきたら、これは、鬼《おに》にも妖怪にもなるからさあ。

質問者A　確かにね。

太宰治　あんただって、それはそうだよ。

例えば、金もなくさあ、亭主《ていしゅ》はさあ、酒場通いをして、女のところに通って、タバコを吸って、結核になって、もう、このままじゃ死ぬに決まっているみたいになってても、「俺《おれ》は作家なんだ、売れてるんだ！」みたいに言っている、その酩酊《めいてい》している亭主を見たらさあ、どうしたくなるかっていったらさあ、叱《しか》ることもあろうし、「好きにしたら」って言うかもしれないし、諦《あきら》めもあるわなあ。

そういう破滅《はめつ》型の人生、作家には多いんだよ、まあ。でもね、また、私らのころには、そういう、何て言うか、方程式っていうかさあ、法則はまだ見えてはいなかったのは事実で、「自然主義」だったから。流行《はや》ってたからね。

質問者Ａ　ああ、なるほど。

太宰治　だから、その自分のありのままを書くのがさあ、なんか、すごくいいっていう時期もあったのさ。

その経験したことを書くと、みんな、ほおーっと思って、みんな、追体験をするような気持ちで、その作家がやった自暴自棄《じぼうじき》の生活とかさ、サラリーマンをしてるやつらがさ、自分もそんなのをしたいけどできないから、それを、その小説を読んでな、幻想《げんそう》の世界で追体験するみたいな、そういうところはあったのさ。

まあ、小説が映画の代わりだった時代もあるわけよ。

2　文豪《ぶんごう》たちの生き様《ざま》を論ずる

「坂口安吾《さかぐちあんご》、菊池寛《きくちかん》、芥川龍之介《あくたがわりゅうのすけ》」について訊《き》く

質問者Ａ　でも、太宰先生の生きていらっしゃった時代というのは、本当に、今は、もしかしたら失われてしまったかもしれないような文豪《ぶんごう》の先生たちが、たくさんいた時代だったのではないでしょうか？

太宰治　集まってね。で、みんな呼んでね。

質問者Ａ　そうですね。

太宰治　いやあ、酒や、タバコぐらいみんな吸ってたよ、そんなの飲んでたし。まあ、麻薬《まやく》も一部あったけどな。

質問者Ａ　坂口安吾《さかぐちあんご》先生は、同じような世界にいらっしゃるのでしょうか？

太宰治　ああー、『堕落論《だらくろん》』ねえ。まあ、『人間失格』と『堕落論』と、どっちが低いかっていうのは、それは難しいわ。

質問者Ａ　菊池寛《きくちかん》さんは、どうでしょう？

太宰治　ああー……。

質問者Ａ　ちょっと違《ちが》いますか。

太宰治　この世的には、ある程度、成功した人なんだけどなあ。まあ、私なんかよりは、ずっと、そらあ、この世的には成功者なんじゃないかなあ。

質問者Ａ　太宰先生は、まだ中学生ぐらいのときに、もう、芥川《あくたがわ》先生の小説とか、志賀直哉《しがなおや》先生の小説とか、いろいろ読まれていたそうで、「芥川先生の自殺にすごく衝撃《しょうげき》を受けて、しばらく閉《と》じこもった」ということも書かれているんですけれども。

太宰治　いやあ、いちおうなあ、あの人も三十五ぐらいだったかなあ。
　そらあ、天才だからな。天才は天才だしさあ、俺《おれ》みたいな脱落者《だつらくしゃ》じゃなくて、本当に、本当に秀才《しゅうさい》だからさ。あっちは東大の英文科だけどさ。まあ……（息を吐《は》く）、一高《いちこう》で二番とかさあ、そんな天才だからさ。

作家一本で生きることの厳しさを語る

質問者Ａ　何だか、太宰先生の人生を見ていると、もう、人生が苦痛でしかたがないのかなとか、そんな感じに見えたのですけれども、実際は……。

太宰治　小説家自体は、それでプロになるっていうかさあ、ペン一本で食っていくっていうのは、それは難しいことだと思うよ。

質問者Ａ　いったい、世界はどんなふうに見えていたんですか。

太宰治　世界はね、もう……（息を吐く）。うーん……、あんまりシリアスに考えたら、もう、みんな四方八方《しほうはっぽう》から自分の首を絞《し》めに来るような、悪魔《あくま》がいっぱいいるような世界に見えたし、借金取りも多かったしね。はあ……。

質問者A　あと、ちょっと共産主義系といいますか、そちらのほうにも……。

太宰治　ああ、そうだな。そっちも流行《はや》ってたからね。

質問者A　うーん。まあ、そうですね。

太宰治　それも流行ってたから、そういう考えもね。

質問者A　戦争の直後、前後ぐらいに生きていらっしゃいますから、そうかもしれませんね。

太宰治　そうだね。やはり価値観が崩壊《ほうかい》してね、みんなが、もう何が何だか分からないような時代でもあったんだけどね。

質問者A　振《ふ》り返ってみて、ご自分としては、どんな小説というか、本当はどんなことを書きたかったのですか。

太宰治　いや、芥川先生に自殺されちゃうようじゃあ、もう、「小説」ったって、無理だよ、それはなあ。あんな天才でも、三十五で、もう、この世から去りたくなるんじゃなあ。

川端《かわばた》先生だって神様だけど、七十代半《なか》ばぐらいまでは生きたんだろうが、最期《さいご》はガス管をくわえて死んだよなあ。その後ろから、もしさあ、「太宰治が取り憑《つ》いて、ガス管をくわえさせた」っていうんだったら、ちょっとした面白《おもしろ》い幽霊譚《ゆうれいたん》になるわなあ。

ハッハッハッハッハ（笑）。

質問者Ａ　川端先生は、お亡《な》くなりになる前は、日蓮聖人《にちれんしょうにん》や三島由紀夫《みしまゆきお》先生等、霊になった方々と、どうやら、少し会話をされていたのではないかという痕跡《こんせき》があるのですけれども。

太宰治　三島も偉《えら》そうなことを言うとったよなあ。でも、結局、あれも急いで死んだからね。四十代ぐらいで死んだんじゃないのか？

質問者Ａ　そうでした。割腹《かっぷく》自殺されましたね。

太宰治　みんな長生きしていないよ。

質問者Ａ　みんな壮絶《そうぜつ》ですね。

太宰治　大したことはない。作家ってさあ、その意味では命懸《いのちが》けなんだよ。まあなあ。

だから、豊かな晩年を迎《むか》えて死ぬっていうのは、なかなか簡単なことではなくて。それができた人はさあ、森鷗外《もりおうがい》みたいな、ちゃんと医者の副業があってね、安定した収入があって、地位があって、副業で小説を書いているような人はね、自分が書きたいもんだけ書けばよかっただろうけどさ。

作家一本でやろうという人は、今みたいにコンビニに勤めながらさ、書くわけにもいかんでね。厳しかった。だから、文豪っていったって、そりゃあ、名前が上がっても生活の安定は厳しくてなあ、借金、借金、また借金だよ。

文学者には〝線香花火《せんこう》〟のようなところもある

質問者Ａ　でも、太宰先生から、今名前が挙がった方々とかを含《ふく》め、そのときの文豪の先生たちの小説は、実に奥《おく》が深くて、人間について、そうとう、その内面を考えて書いているような気がするんですが……。

太宰治　それはそうだよ。

質問者Ａ　今の小説は、そこまで深くなくて、もっとパラパラしていて……。

太宰治　まあ、素人《しろうと》ばっかりだな。

質問者Ａ　そうです。何かトリックだったり、そういう小手先《こてさき》のどんでん返しとか……。

太宰治　「エンタメ」で食っていくのにね。

質問者Ａ　ミステリーとか……。

太宰治　エンタメで食っていくことを覚えちゃったからな。

私らのときは、〝エンタメ〟っていうのはまだマイナーだから、やっぱり「実人生」。だから、どっちかといったら、「実存主義」だよなあ。実人生を書いていたからさ。赤裸々《せきらら》に書いて感動させるって。

で、エンタメをちょっと書けるっていったら、漱石《そうせき》先生ぐらいになると、エンタメ系も少しは書けていたと思うけどね。

いやあ、なかなか厳しい。

質問者Ａ　ですから、みなさん、最後は自殺などがけっこう多いのですけれども、その分、ある意味で、「人間とは何か」ということについて、すごく考え詰《つ》めているというか、何かの公案《こうあん》をずっと追いかけているような感じもするのですが。

太宰治　まあ、それもあるけどさあ、もう一つは、やっぱり、文学者のなかには〝線香花火《せんこうはなび》〟みたいなところもあるんでなあ。線香花火。

質問者Ａ　線香花火ですね。

太宰治　うん。燃え尽《つ》きてポタッと落ちる感じはあるね。なかなかね、うーん。

質問者Ａ　確かに、「自分と筆一本」で戦っているということですものね。

太宰治　厳しいよ。だから、食べ物みたいにさあ、そば屋とか、うどん屋みたいに、毎日食べてくれるようなものだったら、毎日消費があるけどさ。小説っていうのは、そういうもんでもないからさ、うーん。全国民は読んではくれないしな。

作家や女優が、酒や麻薬《まやく》などに走る理由

質問者A　振り返ってみて、いかがでしたか。『人間失格』を最後に書きましたけれども、「人間とは何だ」と思いましたか。

太宰治　いやあ、ああ、『人間失格』かよ。

質問者A　『人間失格』を書いたということは、自分のなかに理想の人間像があったということですか。

太宰治　それは、志賀直哉先生とかは、それはねえ、〝小説の神様〟っていわれるぐらいでね、こんこんと美しい文章を書かれて、立派なことをおっしゃっていまし

たけどね。私らから見りゃあさ、映画でも言ってたけどさ、本当に、「ああいうのが偽善者《ぎぜんしゃ》で素人だ」っていうような見方をね、ちょっとはしていた。だから、「デカダンスなしで、こんなもん、やってられるか」っていうところはあったよな。

女優の一人がねえ、麻薬《まやく》関係ので捕《つか》まって、「廃業《はいぎょう》する」っていうのも、なんか言ってたけど、まあ、分かるよ。近いからさ。

質問者Ａ　やはり、役者さんも自分の身を削《けず》るところはあるのでしょうね。

太宰治　……ところもあるし、何か、筆が勝手に動くような感じっていうか、ペンが勝手に動くような感じになりたいよな。

酒とか、何て言うか、麻薬とかな、そんなのが入ったら、まあ、タバコもちょっとあるけど、なんかちょっとなあ、あんなのはハイになるんで、それで進むようなところもあってな。自分の体を蝕《むしば》みながらやるようなところは、やっぱりあるよなあ。

作家で「安定した仕事をする」のは簡単ではない

質問者A　映画を観《み》ていて感じたことなんですけれども、やはり、何か取り憑かれているような感じがしました。

当時を振り返って、霊的に何か来ていたと思いますか。

太宰治　それは来てるんじゃない？

質問者A　例えば、どんなものが来るのでしょうか。

太宰治　酒場なんかに溜《た》まっているようなやつとかさあ、男女の情死《じょうし》したような自殺霊とかさあ、やっぱり来てはいたんじゃないの？

質問者Ａ　なるほど。

あの時代の小説家の先生たちは、けっこう霊的で感じやすいところもあるのかと思ったのですけれども。わりと暗いほうに……。

太宰治　いや、生活が不安定だからね。

質問者Ａ　そうですね。

太宰治　漱石先生でさえさあ、一高の〝教授〟を辞《や》めて、それで朝日新聞に就職して、要するに、書くのを仕事、書いて給料をもらうっていうようなのをやっていたら、やっぱり、けっこう、身分がそうとう落ちたような感じで周りが言っていたぐらいだからねえ。

だから、まあ、「安定した仕事をする」っていうのは、簡単なことではないよ。おたく、あんたねえ、大川隆法先生は、僕《ぼく》はすごいと思うよ。いや、これはすごいですよ。

質問者A　ええ、それは、組織をつくれますし……。

太宰治　いや、私よりも年上……、私よりも、もう三十年弱長く生きて、ねえ？　陸続《りくぞく》と本を書いて、ねえ？　全部ベストセラーで、講演もできて、組織の運営もできて、人格の破綻《はたん》を起こさずに持ち堪《こた》えているじゃないか。いや、すごいと思うよ。いやあ、さすが宗教家だな。

3　あの世に還《かえ》った今、思うこと

三十八年間の人生を終えてみての感想とは

質問者A　人生を終えて亡《な》くなったとき、自分が亡くなったということは分かったんですか？　しばらくさまよったんですか？

太宰治　はあー（ため息）。いや、それはさすがに、昔の人は、生と死の違《ちが》いは、もうちょっと分かったわなあ。

質問者A　なるほど。今よりもうちょっと分かりましたか。

太宰治　今の人は、分からない人は多いと思うけど。要するに、「あの世がない」と思って死ぬ人と、自殺する人が……、「あの世がある」と思って自殺する人もいるんだけどね。まあ、それは、あの世の先は分かんないからねえ。そういう人たちとは、若干《じゃっかん》、違いはあるけどね。

でも、世に幾《いく》つかの作品を遺《のこ》したっていうこと自体はね、まあ、この世に生まれたということに意味があったということではあると思うんだけどねえ。まあ……、そうだねえ……。

質問者Ａ　三十八年間の人生を終えてみての感想は、いかがでしたか。

太宰治　うーん……、たぶん、〝いいパパ〟になって一生を全《まっと》うしたら、ああいう作品は書かなかっただろうね。

質問者Ａ　まあ、そうですよね。

太宰治　だけど、やっぱり、基本的に「悲劇作家」って、いるんだよ。「喜劇作家」、「悲劇作家」、それ以外の、何て言うか、いわゆる「大作を書く人」とかね、それから、「エンタメ系で書く人」とか、まあ、いるわけよ。それについては「個人の資質」があるからねえ。

質問者Ａ　今度生まれたら、また筆を執《と》りたいと思いますか。

太宰治　さあ、その時代はどうなっているかねえ。もう分からないからね。

質問者Ａ　前世《ぜんせ》については分かりますか。

太宰治　私の？

質問者A　はい。

太宰治　分からんねえ。

質問者A　そうですか。

太宰治　ああ……（ため息）。

質問者A　でも、たくさん書いていますものね。

太宰治　けっこう、でも、それでも遊んでるように見えても、勉強でないと書けないんだよ。

質問者Ａ　まず真面目《まじめ》でないと書けないですよね。

太宰治　今は、パソコンとかで書いとるんだろう?

質問者Ａ　これだけ作品は遺しているので、「現在の遊びほうけている若者たちとは、違うことは違う」というのは分かります。

太宰治　それは、「勤勉さ」は必要なんですよ、ある程度ね。

質問者Ａ　まあ、その「書いた反動」ですよね。

太宰治　だから、楽しみがないとやってられないところはあるからねえ。

有名な文豪《ぶんごう》たちの「死後の行き先」について

質問者Ａ　今は、どんなところにいるのでしょうか。

太宰治　自殺した人で、芥川《あくたがわ》先生、川端《かわばた》先生、三島《みしま》先生は、天国に還《かえ》られとるんだろう？　たぶん、神格《しんかく》を持っておられるようだな。

質問者Ａ　お三方ともそうですね。

太宰治　なぜか、この世で成功したはずなのに、菊池寛《きくちかん》が地獄《じごく》に堕《お》ちてるっていう。驚《おどろ》きだね。

『芥川龍之介が語る「文藝春秋」論評』（幸福の科学出版刊）

『天才作家 三島由紀夫の描く死後の世界』（幸福の科学出版刊）

質問者Ａ　まあ、いろいろな作家さんの助けもしたのでしょうが、地獄ですね。

太宰治　あの人は〝金融業《きんゆうぎょう》〟なんだよ、作家の皮を被《かぶ》った。

質問者Ａ　あの世にいても、やはり、ネオンが輝《かがや》いている酒飲み場などがあるような地獄にいるらしいですよ。

太宰治　いや、こっちも、そんなに言えないけどね。

質問者Ａ　似ているのですか？

『「文春」に未来はあるのか』（幸福の科学出版刊）

太宰治　やっぱり、無頼漢霊《ぶらいかんれい》地獄と色情《しきじょう》地獄とを合わせたようで、ちょっとなんか、文学的デカダンスがあるような感じの地獄かなあ。なんか、借金取りみたいなのが、鬼《おに》みたいに見えるんだけどなあ。

質問者Ａ　まだ、色情からは足を洗うことはできないのですか。

太宰治　うーん……。もうちょっと宗教でもやっときゃよかったなあ。

質問者Ａ　共産系ではなくて、宗教系に行っておけばよかったんですよ。せめてキリスト教とかなら……。

太宰治　うーん。ちょっと、左翼《さよく》系の洗礼《せんれい》を受けちゃったからさ。

質問者Ａ　フランス文学科に行ったのに……。まあ、フランスも、ちょっと、左翼というか。

太宰治　うん。フランスもちょっと駄目《だめ》だな。左に寄ってるな。まあ、戦後はね、そっちに行った人はけっこう多いんだよ。だからさあ、経営は駄目だし、信仰《しんこう》はないからさあ、救いがないんで。

芥川龍之介《あくたがわりゅうのすけ》、川端康成《かわばたやすなり》、三島由紀夫《みしまゆきお》が持っていた「信仰心《しんこうしん》」「霊能力《れいのうりょく》」

太宰治　今、言った人たちはみんな、信仰《しんこう》は持ってたんじゃないの？　ある意味で、たぶんね。

質問者Ａ　なるほど。芥川《あくたがわ》先生も仏教のものをけっこう書かれていますしね。

太宰治　うん、仏教もキリスト教も勉強してるでしょう？　それから、川端《かわばた》先生は霊能者《れいのうしゃ》でしょう？

質問者Ａ　川端先生は霊能者なんですか。

太宰治　まあ、三島《みしま》さんも、ある意味で霊能者なんだよ。予言者だからねえ。予言者……。

質問者Ａ　川端先生は、小さいころから、自分の身内、お父さん、お母さんから始まって、周りの人がかなり亡くなっていて……。だから、やはり、霊魂《れいこん》の存在などを信じないとやっていけなかったと。

太宰治　それこそ書いてないけど、話してたんじゃないの？　亡くなった人たちと。

子供時代に、たぶん話をしてたんだよ。

質問者Ａ　なるほど。「予知能力のようなものがあった」と言われているようですが、話をしていたのかもしれませんね。

太宰治　だから、教祖にもなれたかもしれない人が、作家になったんだろうね。

質問者Ａ　でも、霊能力があったとしても、あったまま人生を終えて天国に還ることのほうが、ある意味ではけっこう難しいと思うんですよ。

太宰治　うん。インスピレーションは受けてたってことだよ。

質問者Ａ　ただ、この世は地獄に近いので、心次第《しだい》では、あっという間に（暗い世界に）持っていかれるじゃないですか。（だから、川端先生は）そこは、本当にすごいなと思うのですけれども。

太宰治　ノーベル賞をもらっちゃってね。三島さんだって候補だったらしいのにね。死んじゃったからもらえなかったけどねえ……。まあ、みな、完成までは行かなかったかもしれないが。まあ……。

質問者Ａ　でも、どうですか？　この世が苦しくて、あの世に行ったけれども、結局、似たような世界に行っているのだったら、あの世でも、そんなに楽しくないというか、苦しいのではないですか。

太宰治　だから、導き手だよな？　導き手がね、ああ……（ため息）。

質問者Ａ　やはり、「偽善者《ぎぜんしゃ》」などと言ってはいけないんですよ。素直《すなお》になったらいいんです。

太宰治　うーん……。

谷崎潤一郎《たにざきじゅんいちろう》なんかはオスカー・ワイルドなんかも研究してたけど、まあ、ちょっとなあ、〝変態《へんたい》文学〟を書いてたから、どうなっとるだろうねえ？　あれは性的変態の世界に入ってるんじゃないかなあ……。

質問者Ａ　そうなんですか。なるほど。

太宰治　私は性的変態じゃないんだよ。うん。

質問者Ａ　（苦笑）〝真っ当な色情〟ということですよね。

太宰治　はい。〝男〟だった。

大川隆法総裁を見て驚《おどろ》くこととは

太宰治　まあ、ちょっと、だから、共産主義も入った、社会への抵抗《ていこう》っていうか、反抗みたいなのが、ちょっとあったかもしらん。

質問者A　社会への反抗と、大先生たちが先にいるから、そこへの批判というか、そこを崩《くず》して、新しいものを拓《ひら》こうとしたところが強くありすぎたのでしょうか。

太宰治　だから、おたくの大川隆法先生は偉《えら》いよ。すごい堅実《けんじつ》で、ああ……！　ニューヨークの摩天楼《まてんろう》群を建てるぐらいの感じでやってるよなあ。

質問者A　大川先生のほうが異例なのでしょう。なかなかまねできないというか、こんなに本を出したり、法話《ほうわ》をしたり、歌を出したりして……。

太宰治　あんたの部屋なんかは、大川総裁の本だらけじゃない？　ほとんど全部。

質問者A　そうなんですよ。あれだけ本を書いているのに、こんなに勤勉に、真面目に生きられる人というのは、いないですよね。

太宰治　だろ？　たまに歩いてさ、アイスクリームをなめるぐらいなんだろ？

質問者A　そうです。

太宰治　信じられんわ。酒も飲まないいんだろ？

質問者A　お酒は飲みません。

太宰治　酒も飲まないしさ、遊郭《ゆうかく》の遊びにも行かないんだろ?

質問者A　はい。

太宰治　うーん。極《きわ》めて真面目だなあ……。勤勉だ。でも、教養があるよなあ。幅《はば》広《ひろ》い教養と、勉強を続けているよなあ、ずーっとな。

種が尽《つ》きることを知っていてね、だから、そうならないように、一生懸命《いっしょうけんめい》、いろいろな種をまき続けて、畑を耕し続けてるよなあ。

これは、弟子《でし》では、そう簡単には追いつけんよね。

自分と同じような生活をしている若い人への一言《ひとこと》

質問者Ａ　まあ、何と言うのでしょうか。太宰先生ほどの実績も作品も遺せないし、人間を深く考えていないけれども、おそらく、生活自体は太宰先生のようになっていくというような人たちのほうが圧倒《あっとう》的に多いんですよ。

太宰治　本当は、短いのを一作、二作書いたぐらいで終わりになる人が多いね。

質問者Ａ　そうです。それに、書く前に、もう書こうとする時点で苦痛ですよね。何かを搾《しぼ》り出して書く時点で苦痛ですから、その時点で遊びほうけるとか、ストレスで逃《に》げたくなるとか。

太宰治　まあ、小説もそうだし、あと、歌とかさ、そういう音楽系のものも、やっても成功しない人はいっぱいいるよな。
若い人、みな、夢を見るんだけどねえ。夢を見るけど、なかなか実現はできないんだよなあ。

質問者A　もし、自分と同じような生活をしている若い人を、今、見かけたら、どうされますか。何か声をかけることはありますか。

太宰治　いちおう、地獄転落は覚悟《かくご》しといたほうがいいよ。鼻でせせら笑ってるだろうけど。

質問者A　そうですね。そういう人は、生きているときに、真面目に生きているような人を、鼻で……。

太宰治　バカにするんだよ。

質問者Ａ　そうそう、バカにするんですよ。

太宰治　バカにするんですよ。「つまんねえ」って。「実につまんねえやつだ」って、バカにするんですよ。「アリみたいな働き虫で、つまんねえ」って言うんだよ……。でも、体験派の主義の人っていうのは、どうしても理解しないみたいだね。自分の体験だけが書きたい、言いたい、歌いたいっていうようなタイプの人？　まあ、難しいみたいだな。

質問者Ａ　『人間失格』は、生田斗真《いくたとうま》主役で過去にも映画化されています。

太宰治　はああ……（ため息）。お祓《はら》いを受けたほうがいいんじゃない？　みんな。

質問者Ａ　（苦笑）
そういうとき、別に、観《み》に行っているわけではないんですよね？

太宰治　いや、観には行くよ、それはね。

質問者Ａ　あっ、行くんですか。

太宰治　上映されるときはね、観に行くけどさ。
だから、映画だって、小説だって、テレビドラマだって、天国的なものも地獄的なものもあるってことさ。

質問者Ａ　ドストエフスキーなども……。

太宰治　そうなんだよ。彼は、だってさあ、まあ……。神様に近いんやら悪魔《あくま》に近いんやら分からんような小説だよな、ほんとな。

質問者Ａ　うーん。でも、ドストエフスキーは神様なんですよ。

太宰治　悪魔かと、一瞬《いっしゅん》、思うところもあるよなあ。

質問者Ａ　でも、悪魔の心も分かるからでしょうね。分かるのだけれども、作品が、悪魔のほうに行くのではなくて、最後に違うところに行っているんでしょうね。

太宰治　まあ、ちょっと、ドストエフスキーやトルストイ

『トルストイ―人生に贈る言葉』（幸福の科学出版刊）

『ドストエフスキーの霊言』（幸福の科学出版刊）

になると、ちょっとレベルが違うから。

質問者Ａ　難しいですか。

太宰治　さすがに、まあ、ちょっと、われわれが出る出番はないよ。

「今、信仰《しんこう》を持とうと努力している」

質問者Ａ　今、霊界《れいかい》に、誰《だれ》か友達はいるんですか。

太宰治　ええ？　それは、地獄に堕ちた作家とかが友達なのよ。

質問者Ａ　地獄で、今、どうしているんですか。また、生前と同じ感じで生きているのですか。

この世があんなに苦しくて自殺したのに、あの世でもまた同じような生活をしていたら、自殺した意味がないのでは？

太宰治　まあ、生きてても、どうせな、もう死んだからな。

質問者Ａ　病気でですね。

太宰治　病気で死ぬのは、もう時間の問題だったから。

質問者Ａ　病気というか、薬を飲みすぎて変になっていたんですよね。

太宰治　体が悪くなったからね……。破滅《はめつ》型の作家だよ。だから、最後の『人間失格』を書いて、まあ……、終わりだよな。まあ、できればな、イエス・キリストみたいな、十字架《じゅうじか》で死んだような、そういう自己犠牲《ぎせい》の死に方になりたかったけどな。ハハハ（笑）。そうはいかなかったな。

質問者A　自分としては、どんな人になりたかったんですか。

太宰治　いやあ、デカダンスのなかで、いちおうねえ、最先端《さいせんたん》というか、先鋭《せんえい》……、前衛か、……をやっているつもりはあったんだけどなあ。

質問者A　なるほど。

太宰治　自分とか、坂口安吾《さかぐちあんご》とかはさあ、そういう時代破壊《はかい》的、モダンな……、デカダンスのなかを生きる実存主義者っていう感じかな。

質問者Ａ　ふうーん。実存主義なんですか。

太宰治　ある意味ではね。

質問者Ａ　確かに、そうですね。神様などは信じていなかったんですか？

太宰治　いや、今、だからなあ、今、信仰《しんこう》を持とうと努力しているんだよ。

質問者Ａ　頑張《がんば》ったほうがいいですよ。

太宰治　うん。だから、こうやってさあ、あなたがたと……。

質問者Ａ　縁《えん》ができましたしね。

太宰治　接触《せっしょく》するチャンスができたっていうことは、ありがたいことだよなあ。

「いいスポンサーがついていれば……」と嘆《なげ》く

質問者Ａ　何か、おしゃべりしているかぎりは、怖《こわ》くはないというか……。

太宰治　それはそうだよ。私はそんな、人殺しじゃないから、言っとくけどな。

質問者Ａ　でも、ときどき怖い人がいるんですよ。

太宰治　そっか。あんたも十分、怖いよ。

質問者Ａ　だって、怖くないと……。

太宰治　怖いよ。

質問者Ａ　〝余計な人たちの霊〟を蹴散《けち》らさないといけないですから。

太宰治　そっか。私はさ、「女たらし」だから、怖くない（笑）。

質問者Ａ　（笑）なるほど。それがモテる理由なんですか。

太宰治　ご機嫌《きげん》を取る仕方を知っているから。

質問者Ａ　では、（女性は）騙《だま》されるってことですかね。

太宰治　だから、いいスポンサーがついとればなあ。「働いて、なんぼ」で、みんな来るからさあ、きっついよなあ。

質問者Ａ　やはり、いちおう、パトロンのような人がいたほうが……。

太宰治　そうそう。いたらな。それは楽だっただろうなあ。

質問者Ａ　でも、太宰先生のような性格だと、パトロンのお金を、全部、無駄《むだ》に遊びに使って、終わるんじゃないですか。

太宰治　いやいやいやいやいや、『走れメロス』みたいに誠実かもしらんじゃないか。

質問者A　いやあ、どうですかね。

太宰治　誠実に、一生懸命、返そうとするかもしれないじゃないか。

「情《じょう》」は深かったが、「知《ち》」と「意《い》」は弱かったと自己分析《ぶんせき》する

質問者A　太宰先生は、どんな女性が好みだったんですか。

太宰治　いやあ、女性はねえ、やっぱり……、あんたは、なんか堅《かた》いんだろうけどさあ、一人に絞《しぼ》れっていうのは無理だよ。やっぱり、種類はだいぶあるからさあ。好奇心《こうきしん》がある人は、一通りいろんなのを研究はしてみないと分からんね。

質問者A　その結果、取り憑《つ》かれているのではないですか？　もう、その呪縛《じゅばく》は離《はな》れましたか？

太宰治　取り憑かれるといえば、それはあるけどさあ。愛が深いわけよ、それだけな。愛が深いから文学に昇華《しょうか》するんだからな。

質問者A　でも、精神的なものという感じではない気がするんです。川端先生などの小説は、恋愛《れんあい》にしても、読むともう少し精神性がある感じがします。

太宰治　いや、それは一緒《いっしょ》にしないで。あっちは神様なので。

質問者A　（笑）太宰先生は、精神性というか、もう溺《おぼ》れていく感じですよね。

太宰治　「知《ち》・情《じょう》・意《い》」があってさあ、青森から東大仏文《ふつぶん》に入ったあたりまでは、多少、「知」があると思われていたけども、それは、「知」はやっぱり継続《けいぞく》しなきゃ駄目なわけよ。

だから、継続が足りないからさあ、なけなしの体験だけで書こうとしたところに甘《あま》えがあって、勤勉性がちょっと足りなかったんだよね。

だけど、「情」のほうはあったのよ。「情」は深かったんだけどな。やっぱり……、「意」も弱い。「意」がね、「意志の力」もちょっと弱かったな。

質問者Ａ　太宰先生は、筆力《ひつりょく》があるのだったら、この際、仏教の教えに帰依《きえ》して、真面目に性格を変えたらいいのではないですか。

太宰治　だから、私らの前あたりから、まあ、自然主義でね、「ありのままの生活を書こう」みたいなのが、ちょっとね、ブームだったからなあ……。

でも、日本自体が、衝撃《しょうげき》で退廃《たいはい》のなかに入っていたからなあ。

質問者Ａ　まあ、そうでしょうね。戦争の直後とか……。

太宰治　うーん。硬派《こうは》で三島由紀夫《ゆきお》みたいになあ、「自衛隊、決起せよ」みたいな人もいたんだろうけどさ。それだって失敗してるしな。

その退廃文化はまた、アメリカ兵が持ってきた文化でもあるんだよ。

まあ……、でも、日本の作家としては、いちおう一流に近いところに位置づけてもらってるからね。世界では通らないけど。

質問者Ａ　でも、まねをする人がたくさん出てくると、地獄の人口が増えることになりますからね。

4 「俺《おれ》みたいに生きるなよ」と伝えたい

「女と子供は、あんまり泣かさんほうがいいよ」

質問者A　では、最後に太宰先生の反省の弁をお願いします。

太宰治　うん。まあ、女はあんまり泣かさんほうがいいよ。それから、子供はあんまり泣かさんほうがいいよ。

質問者A　かわいそうですよね、小さいのに。

太宰治　うんうん。それはかわいそうだよ。

それと、お金の問題っていうのは、やっぱり、物書き、あるいは芸術家にとっては、極《きわ》めて、もう……、何て言うか、死活《しかつ》を決する問題であるからなあ。まあ、できたら、「お金の問題を解決し、安定させるための実学」っていうかさあ、何かそういう勉強をしといたほうがいいな。それがない人は、やっぱりいかんなあ。

まあ、幸福の科学で勉強したらいいんじゃないかな、みんな本当にもう。

質問者A　そうですね。教えを本当に勉強したらいいですね。でも、(自《みずか》ら好んで)退廃《たいはい》的になっていく人は救えないんですよね。

太宰治　大川先生は、それは、ものすごい、こう、お金を稼《かせ》いでるはずだけどさあ、それがさ、たまに、散歩がてらにさあ、アイスクリーム一杯《ぱい》とか、コーヒー一杯を飲むとかだけで、それで満足なんだろ?

質問者Ａ　はい。

太宰治　いやあ、実に安上がりだなあ。これじゃあ、破産しないよ。

質問者Ａ　極めて真面目《まじめ》ですから。

太宰治　破産しないよな、コーヒー一杯ぐらい、アイスクリーム一個ぐらいでは。

質問者Ａ　太宰先生と〝真逆〟の生活をしているでしょうね。

太宰治　だけど、これは、やっぱり本質的になあ……、でも頭がすごくいいんだと思うよ。すごく頭の容量があるんだよ。今は、「ビット数」っていうんだろうけどさあ。〝引き出し〟がいっぱいあってさ、そうとう大きな引き出し？　ファイルボックスみたいのがいっぱいあるんだよ。
「石原慎太郎《いしはらしんたろう》は聖人になりたくてしょうがない」

質問者Ａ　いちおう、大川隆法先生のことはご存じではあるんですね。

太宰治　いや、知ってるよ、それは。有名だよ。
だから、この前も、「霊友会《れいゆうかい》の石原慎太郎《いしはらしんたろう》が嫉妬《しっと》しているんじゃないか」って（霊言《れいげん》で）言ってたでしょ？

質問者Ａ　はい。

太宰治　いやあ、だから、あれも、「天国行くか、地獄《じごく》行くか」で、今、必死で、『法華経《ほけきょう》』にすがりついとるんだろうから。

最近、病気をしてさ、何か『死者との対話』とかいう〝インチキ本〟も書いたりしてるんじゃないの？　聖人に何とかなりたくてしょうがないんだよ。なれるかなあ？

質問者Ａ　いや、本当は、そのようになろうとするほうが危ないですからね。

太宰治　なれるかなあ？

いや、けっこう欲また欲のなかを生きているからね。私なんかよりは強いけどね。私は弱い人間だったけど。私より強い人間だと思うけど。どっちかといやあ、何か、ニーチェみたいな感じなんじゃないの？

質問者Ａ　ああ、なるほど。

太宰治　うん。「権力への意志」とかを持ってるよ。

質問者A　はい。それはそうですね。

太宰治　女遊びも十分やっとるよ。だからさ、それを反省できるかどうかは知らんけどさ、透明《とうめい》な心でないことだけは確かだろ。

質問者A　確かに。

太宰治　間違《まちが》いない。

質問者A　今、「権力欲」と「名誉欲《めいよよく》」と……。

太宰治　ああ。でも、聖人になりたい。

質問者Ａ　よければ、神になりたいと。

太宰治　聖人になりたい、でもね。だけど、まあ、川端《かわばた》先生みたいな文章は書けなかったしさ。志賀直哉《しがなおや》みたいな文章も書けなかったよ。

太宰治はそろそろ地獄《じごく》から抜《ぬ》け出せる？

質問者Ａ　太宰先生は、地獄《じごく》から抜《ぬ》けようとは思わないんですか？

太宰治　いや、抜けようと思ってる。いや、「そろそろいいかも」という声もある。

質問者A　そうなんですか。

太宰治　いやあ、「もう、いいんじゃないか」っていう声もある。

質問者A　太宰先生の導きの（霊は）誰《だれ》かいないんですか？

太宰治　だから、文壇《ぶんだん》でもけっこう見放《みはな》されてたからさ、わりあいねえ。

質問者A　そうですか。

反省をするのに、守護霊《しゅごれい》……、指導霊のような方はいないんですか？

太宰治　うーん。まあ、それは今、ちょっと、〝調整・交渉中《こうしょう》〟だからさ。

質問者Ａ　〝交渉中〟なんですね。

太宰治　「誰が太宰を網《あみ》ですくうか」っていう話だからさあ。だから、「川で流れたやつ、誰かこれ、死人が出た。すくい、引き揚《あ》げろ」っていう。

質問者Ａ　あと、そういう退廃的な人は、一回救っても、惰性《だせい》に流されて、また退廃的な生活に行きがちだと思いますので、指導霊の方が来たら、ぜひ心を本当に入れ替《か》えて、己《おのれ》に厳しくなってください。

太宰治　いやあ、できたら、私だってさあ、本当に〝エロスの神〟ぐらいになりたかったよ。

質問者A　いや、あげてもまったく構いませんよ。

太宰治　本当？

質問者A　はい。

太宰治　うーん。ハッハッハッハッハ（笑）。

質問者A　いろいろと悪かったとしても、〝エロスの神〟と称《しょう》していた人より実績はありますし。

太宰治　実績は、こっちが十倍はある。

質問者Ａ　それはありますよ。

太宰治　百倍ある。

質問者Ａ　あげます。

太宰治　ああ……。本当に、大川隆法先生はかわいそうだ。やっぱり、二階堂《にかいどう》ふみのおっぱいを揉《も》ませてあげたいわ。

質問者Ａ　ほら、そういうことを言うから、地獄から抜け出せないんですよ。

太宰治　いやあ、人間のナチュラルな心情を描《えが》きたいからなあ。

質問者Ａ　では、あなたに〝エロス〟をあげます。

太宰治　うーん。だけど、まあ、そうだなあ。この世に生まれて、目が見えないからねえ。この世の人は目が見えないからさあ。だから、つまずいて穴に落ちるんだよ。だから、「ずばり、そのとおりだった」っていうことだよ（苦笑）。

肉体を持つと、目が見えなくなるんだよ、霊的な目がね。そして、穴に落ちるのよ。

質問者Ａ　いや、肉体を持っていなくても、今もその穴に落ちたまま、そういう世界にいるのであれば、同じですよね。

「文学の時代が終わろうとしているかもしれない」

太宰治　だけど、まあ、神様が私の映画を観《み》て、「面白《おもしろ》かった」と言ってくれたら、それはちょっと、それだけで罪一等《つみいっとう》は減《げん》じられるわなあ。

質問者Ａ　面白かったというか、前日に観た映画が面白くなさすぎて（笑）、それよりはまだ面白かったです。

太宰治　だから、「芥川《あくたがわ》賞だ」「直木《なおき》賞だ」って言ったってさあ、〝地獄もの〟はいっぱいあるんだよ。

質問者Ａ　前日に観た映画は、現代の芥川賞作品を映画化したものなんですけど、本当に深みがあまりない上に、ちょっとよく分からないものでした。

太宰治　いや、最近の小説は、私はそんなに読んでるわけじゃないけど。まあ、チラチラ見ることもあるが、はあ（ため息）、天国的なものはそんなに多くはないいんじゃないの？　教養はないし、人を高めるものもないし。

質問者Ａ　そうですね。

太宰治　やっぱり、同じじゃないの？　隙間《すきま》から落ちていく人の人生を書いてんじゃないの？　うーん。

質問者Ａ　現代の文学に足りないものは何だと思いますか？

太宰治　はあ……（ため息）。まあ、「文学の時代」が終わろうとしてるかもしらんけどなあ。

質問者Ａ　ああ、映像とか、そちらのほうに……。

太宰治　ああ、ほかのほうが面白いからなあ。活字って読むの面倒《めんどう》くさいけども。もう、本を読む人がいなくなってきつつあるだろうな。もう、古いかもしらんけどなあ。

「芸術だから、いいんだ」と許されるわけではない

質問者Ａ　では、ぜひ退廃的な生活から脱《だっ》していただけるようにお祈《いの》りします。

太宰治　ああ……。まあ、大川先生に救ってもらうしかねえよなあ、これはもう。

質問者Ａ　では、あの世で先生の教えを勉強してください。

太宰治　うーん。まあ、何となくな、今、ちょっと文学のほうに関心を持ってくれ

てるからな。
いやあ、私たちはあれなんだよ。あの……、まあ、銃弾《じゅうだん》のなかを突撃《とつげき》したようなもんなんだよなあ。撃《う》たれて死ぬのはしかたないんだよ。

質問者A　ただ、芸術家の人で、いちばんなってはいけないパターンの人生を送ってはいますから（苦笑）。いや、大変だとは思いますけどね。

太宰治　まあ、情死《じょうし》とかはあんまりよくないのかなあ。まあ、それはそうだろうな。

質問者A　やはり、生きているときに、霊的ではなかったですよね。この世が苦しいけれども、すごくこの世にまみれて生きていたじゃないですか。

太宰治　だから、いや、それはな、『斜陽《しゃよう》』とか『人間失格』とかさあ、こういうのが、要するに、「自分の醜《みにく》い姿を書いて、ほかの人たちに反面教師として伝えたいものがある」というなら、多少、生きてるうちに反省しているっていうことになならんこともないからねえ。

質問者Ａ　「人間として失格だな」と、自分でも思っているということですものね。

太宰治　「こんなふうになるなよ」っていう。

質問者Ａ　それは分かりますよ。

太宰治　それを見たらさ、「あっ、こんなふうになっちゃいけないな」と思うじゃないか。

質問者Ａ　それはそうですよね。

太宰治　だから、大川先生も、本をいっぱい書きたかったけど、まずは経済を安定させなきゃいけないと思って、経済の基礎《きそ》をつくるために、この世で生きていく術《すべ》の勉強をされたんだろう？　だから、それは賢《かし》こいわな。それをしないで、みんなやるんだよ、まずな。これが甘《あま》いんだなあ。

あと、世の中には、「芸術だから、いいんだ」っていう言い方もあるけどさ、やっぱり、「芸術でも、いい場合もあるし、合理化されない場合もある」っていうあたりかな。周りへの影響《えいきょう》の問題だよなあ。

質問者Ａ　やはり、芸術家も仕事になってはきますからね、一角《ひとかど》の人物になるなら。

菊池寛《きくちかん》や松本清張《まつもとせいちょう》は、なぜ地獄《じごく》に堕《お》ちたのか

太宰治　うーん。だから、私がよく分からないのは、芥川賞をもらい損《そこ》ねた菊池寛《きくちかん》がさあ、なんで地獄《じごく》に堕《お》ちたんだろうと思う。私は分からん。

質問者Ａ　でも、この世の欲にまみれていたところはあるのではないですか。

太宰治　ああ、そうだ。松本清張《まつもとせいちょう》も堕ちてたんだなあ。

質問者Ａ　そうそう。松本清張さんなどは、やはり、殺人事件ばかりを書いていたので、もう、世界が……。たぶん、ずっと殺人事件の研究をしていますから。

『地獄の条件―松本清張・霊界の深層海流』（幸福の科学出版刊）

太宰治　だねえ。頭がいっぱいだわなあ。

質問者A　ご自身の人生は刻苦勉励《こっくべんれい》の人生だったとしても、頭がずっと殺人事件のところで止まっているから、天国に還《かえ》るのは難しいですね。

太宰治　悪人が好きだしね。

質問者A　そうですね。人の悪を描くのはいいのですが、「悪を描いて、そこからどう持っていくか」が大事だと思うんです。悪を描いただけだったら、やはり悪を助長する面もありますからね。

太宰治　ああ、マスコミのなかにも悪魔《あくま》は……、悪はあるし、検事のなかにも悪はあるしねえ。

質問者Ａ　最近のものも、悪を描くのはいいけれども、人間の悪をいくら深く描いたところで、それを読んで天国に行く人が増えるかというと、やはり増えないですからね。

太宰治　まあ、「健全な生き方」と「反省」と、まあ、「信仰心《しんこうしん》」かなあ。

質問者Ａ　人間には仏性《ぶっしょう》があるから、本来は神仏の光をもらっているという「性善説」ではあるのでね。

太宰治　うんうん。
まあ、石原慎太郎が、今、一生懸命《いっしょうけんめい》戦ってるからさあ。闘病《とうびょう》したあとは、あれが聖人になるか地獄に堕ちるか、しっかり見させてもらおうじゃないか。

はあ……（ため息）。テレビの番組や映画でも、地獄的なものや天国的なもの、まあ、両方あるとは思うけど、やっぱり地獄的なものがヒットしやすい傾向《けいこう》はあるんでな。やっぱり、そういうところは価値基準をつくらないといけないし。

まあ、〝地獄作家〟が原因かもしらんけどなあ。

質問者Ａ　でも、本来は人のいい面を深く描き出せたほうが、人間研究としては素晴《すば》らしいと思いますけどね。

太宰治　いや、私はこの世に生きてる人に手本として、「こんな悪人になるなよ」ということを教えたっていうことだよ。

質問者Ａ　うーん。そういうことにしたいということですね？

太宰治　だから、「こう生きて地獄に堕ちた」というんだったら、「やっぱりね」って、みんな分かるじゃないか。

質問者A　（苦笑）

太宰治　『走れメロス』なんかは教科書にも載《の》って、とっても美しい友情の物語、ねえ？　「約束を守るために必死で走って、帰ってきた」っていう物語になってるんだけどさあ。

質問者A　本当は？

太宰治　実際は、「借金を返さなきゃいけなくて走り回っとった」っていう実話なんだよねえ。

質問者A　（苦笑）実際、その借金の苦しみを……。

太宰治　実際を知ってみたら、「なーんだ」っていうことで。

質問者A　なるほど。

太宰治　ギリシャの美しい物語だと思うとったら、「なーんだ」っていうことだよな。

いやあ、だから、あのねえ、「世の中をうまく生きていく術《すべ》」と、「うまく生きていくけど、ずる賢くて、世をたばかって生きている要領じゃなくて、純粋《じゅんすい》な信仰心を持った生き方」、そういうものが要《い》るんだろうなあ。

作家としてこの世で尊敬されることが、よいかどうかは分からない

太宰治　いやあ、もう、でも、〝救いのとき〟が来てるような気はするからさあ。

質問者Ａ　本当ですか？

太宰治　うん、そろそろ考えてみるよ。うーん。

質問者Ａ　では、頑張《がんば》ってくださいね。

太宰治　いや、あなたがたが、「太宰はこんなものを書いて、地獄に堕ちた」っていうことをはっきり言ってくれれば、それで罪は消えてくるから。

質問者A　なるほど。やはり、「こういう人生を送ってはいけないよ」という手本ではあるんですよ。

太宰治　そうそう。だけど、そういうのがいいと思ってる人はいっぱいいるんだよ。

質問者A　いっぱいいますよね。しかも、説得できないですし。

太宰治　「芸術系に生きるなら、当たり前だ」って。

質問者A　そうなんです。「そのほうが芸術家肌《はだ》だ」などと思っているんですよ。

太宰治　だから、（映画に）出た女優さんも、大麻《たいま》の成分のあるやつを飲んでさ、廃業になったけどさ、いやあ、「そんなの、飲まないとやってられるか」っていう

郵便はがき

料金受取人払郵便

赤坂局承認

7468

差出有効期間
2021年10月
31日まで
(切手不要)

1078790

112

東京都港区赤坂2丁目10−8
幸福の科学出版(株)
愛読者アンケート係 行

フリガナ お名前	男・女	歳
ご住所 〒 都道府県		
お電話 ( ) −		
e-mail アドレス		
ご職業 ①会社員 ②会社役員 ③経営者 ④公務員 ⑤教員・研究者 ⑥自営業 ⑦主婦 ⑧学生 ⑨パート・アルバイト ⑩他 ( )		
今後、弊社の新刊案内などをお送りしてもよろしいですか? (はい・いいえ)		

愛読者プレゼント☆アンケート

『文豪たちの明暗』のご購読ありがとうございました。
今後の参考とさせていただきますので、下記の質問にお答えください。
抽選で幸福の科学出版の書籍・雑誌をプレゼント致します。
(発表は発送をもってかえさせていただきます)

1 本書をどのようにお知りになりましたか?

① 新聞広告を見て [新聞名：]
② ネット広告を見て [ウェブサイト名：]
③ 書店で見て　④ ネット書店で見て　⑤ 幸福の科学出版のウェブサイト
⑥ 人に勧められて　⑦ 幸福の科学の小冊子　⑧ 月刊「ザ・リバティ」
⑨ 月刊「アー・ユー・ハッピー?」　⑩ ラジオ番組「天使のモーニングコール」
⑪ その他 ( )

2 本書をお読みになったご感想をお書きください。

3 今後読みたいテーマなどがありましたら、お書きください。

ご感想を匿名にて広告等に掲載させていただくことがございます。ご記入いただきました個人情報については、同意なく他の目的で使用することはございません。

ご協力ありがとうございました!

ことでしょ？　デカダンス。

質問者Ａ　大変ですよね、カメラの前でいろいろしなければいけないというのは。

太宰治　何十人も見てる前でさあ、裸《はだか》で抱《だ》き合う演技とかをやらされるから、「やってられるか」っていうんだ。本物らしくしたかったら、麻薬ぐらい手を出したくなるわな。分かる。あれは精神的にもたないんだよなあ。

質問者Ａ　はい。

太宰治　はあ……（ため息）。まあ、信仰は持ったほうがいいよ。ただ、そうして、考え方が一定の方向に向きすぎて、創作ができないっていう悩《なや》みを持つ人もいるんだけどなあ。

さあ、石原慎太郎は、間違った『法華経』信仰を説いた教祖（注）にかわいがられて、そこのなかで応援《おうえん》されて、政治家になって生きたけど、作家として書いたものは、さあ、どう評価されるかな？

質問者A　でも、『法華経』は釈尊《しゃくそん》自身が説いた教えではないので。弟子《でし》がつくって書いているところはあるんですけど。

太宰治　うーん。

質問者A　ただ、仏教の一派の教えであったとしても、人間の使い方によって、『法華経』を弘《ひろ》めたからといって、天国に行けるわけではないという厳しさがよく分かりましたよね。

太宰治　だから、私が言った「斜陽族」は出たし、『人間失格』も出たけど、石原慎太郎はあれでしょう？　だから、「太陽族」っていうのをつくったんだろ？　戦後のね、ああいう若い人たちがヨットで遊ぶ、ねえ？

質問者Ａ　でも、退廃的な若者ですよね。

太宰治　ヨットと女遊びだよな？　ちょっと金がある階級のね、不良たちの世界を書いて出てきたんだろ？

質問者Ａ　なぜ、それが「太陽」なんですかね。

太宰治　あれで芥川賞を取った。芥川賞って、地獄に近いんだよ。

質問者Ａ　芥川先生がかわいそうです。

太宰治　まあ、作家だから、普通《ふつう》はこの世では尊敬されるんだけどね。必ずしもいいかどうかは分からんってことだ。

映画、ドラマ、小説のなかに、地獄《じごく》的な流れの一部をつくった罪

質問者Ａ　では、今日の副題は「俺《おれ》みたいに生きるなよ」でいいですか？

太宰治　はい。そうです。

質問者Ａ　いいですね？

太宰治　でも、今、「救い」は近づいてきているから。信じてるから。

質問者Ａ　ぜひ、天上界《てんじょうかい》に上がれる日をお祈りしております。

太宰治　嫌《いや》がらなければ、君を寵愛《ちょうあい》してもいいんだよ？

質問者Ａ　いえ、私は大丈夫《だいじょうぶ》です。

太宰治　「大丈夫」？

質問者Ａ　はい。

太宰治　「大丈夫」っていうのは、「いくら愛されてもいい」ってこと？

質問者A　いいえ、心で愛してくださっていれば、それで十分です。

太宰治　うーん。

質問者A　近づいてこなくても大丈夫です（笑）。

太宰治　まあ、いいや。

とりあえず、まあ、大まかに善悪を言われてることは、ある程度、当たってるっていうことだよ。

質問者A　自分で受け入れていらっしゃるということですね。「それはそうだろう」と思っているということですよね。ですから、「なぜ、地獄《じごく》に堕ちたのかが分からない」などというタイプではないということは分かりました。

太宰治　いや、世の中に悪い影響を与《あた》えたんだろうよ。

質問者Ａ　まあ、そうですね。そのまねをして地獄に堕ちる人もいるでしょうから。

太宰治　だから、「映画とかドラマとか、ほかの小説のなかに流れる、地獄的な流れの一部はつくった」っていうことだろうね。

地獄界《じごくかい》の霊《れい》を封印《ふういん》する霊界《れいかい》の鬼《おに》たちの働き

質問者Ａ　でも、霊界《れいかい》にいらっしゃるので、そちらでも総裁先生の教えは勉強できると思います。やはり、「なぜ、この世という世界が創られて、みんなが人生修行《しゅぎょう》をしなければいけないのか」とか、「この世とあの世の仕組み」とか、そういう勉強もしたら、実存主義ではない世界観で生きることができるのではないでしょうか。

太宰治　それが、大川隆法の本はあまり地獄界《じごくかい》に来ないんだよなあ。

質問者A　それは困りますね。

太宰治　だけど、エクソシストみたいな、悪魔祓《ばら》いみたいなのだけは、ちょっと、何か来るんだよなあ、これ。

質問者A　そうなんですか。

太宰治　「おまえら、出てくるな」っていう（笑）。

質問者A　封印《ふういん》され続けているのですね。

太宰治　「もう、出てくるな」「もっと地獄に行け」っていうのは来るよなあ。「人間に取り憑《つ》くなかれ」と、引き剝《は》がして。

だから、ダンスパーティーをやるような所とか、酒を飲む所とか、私らもフラッと行きたくはなるけど、引き剝がして叩《たた》き込《こ》まれるんだよなあ。そして、この前の、ねえ？（霊言に来た）草津《くさつ》の赤鬼《あかおに》さんみたいなやつに、叱《しか》られるんで。

質問者Ａ　赤鬼さんの、あのすっきりした感じは、やはりいいですよ。

太宰治　大川先生の勉強をしたいけどさ、たいていは、「生きている人間に憑くなかれ。剝がれろ。自分のいるべき所へ帰って、反省しろ」と、こう言われる。そして、赤鬼さんや青鬼さんがやって来て、連行されて、そこに行って仕置きされる。だいたいこんなことだ。

まだ、「悪を愛する心」がある太宰治の霊《れい》

質問者A　今日は誰か来てくれるのではないですか？

太宰治　分からん。

質問者A　「救おうとしている方、誰か『救ってもいい』という人はいませんか」って……。

太宰治　はあ……（ため息）。いや、救いの糸が、今やっと〝蜘蛛《くも》の糸〟が下りてきたところなの。

質問者A　あっ、この機会にですか？

太宰治　うん。ありがとう。ありがとう。映画を観てくれてありがとうね。

質問者Ａ　いや、ですから、そういう酒飲み場とか、女のところとかに行きたくなるのであれば、まだ霊的《れいてき》な自分に目覚めていないということなので。

太宰治　映画館でやってたんだけどねえ、君らは観に行かなかっただろ？

質問者Ａ　いや、それは、だって……。

太宰治　「行ったら、太宰治に憑依《ひょうい》されるのではないか」と思っただろ？

質問者Ａ　はい。

太宰治　そのとおりだろ？　結局、こうなるんだよ。

質問者Ａ　誰か憧《あこが》れの人はいますか？

太宰治　いいじゃない。一晩ぐらい、いいじゃない。

質問者Ａ　いえいえ。

太宰治　一泊《ぱく》。

質問者Ａ　霊人《れいじん》で憧れの人はいますか？

太宰治　一泊ぐらい、一緒《いっしょ》に。一泊して、大川総裁にはかわいそうだから、やっぱり、いろんな女の夢でも見せてやりたい。

質問者Ａ　ほら、まだ〝そちらの世界〟にいますよね。

太宰治　いやいや、楽しんでよ。

質問者Ａ　楽しくないです。だって、もう霊ですもの。

太宰治　悪も楽しいんだよ。

質問者Ａ　あっ！　やはり、「悪を愛する心」があるんですね。「退廃的な自分」が好きなんですものね。

太宰治　うーん。

質問者A　では、芥川先生に総括《そうかつ》をもらいましょうか。

大川隆法　はあー……（息を吐《は》く）。

（約五秒間の沈黙《ちんもく》）

（注）間違《まちが》った『法華経《ほけきょう》』信仰《しんこう》を説いた教祖……「霊友会《れいゆうかい》」の初代会長である小《こ》谷喜美《たにきみ》のこと。二〇二〇年八月六日に「霊友会 小谷喜美／樹木希林《ききりん》の霊言《れいげん》」が収録された。霊言では、法華経への極端《きょくたん》な解釈《かいしゃく》や、心境として激しい競争心・嫉《しっ》妬心《としん》があることが分かり、現在、天国に還《かえ》っていないことが判明した。なお、石《いし》原慎太郎《はらしんたろう》氏は、一九六八年、参議院全国区で初当選した際、会員として「霊友会」の支援《しえん》を依頼《いらい》した。

第2章　芥川龍之介《あくたがわりゅうのすけ》の霊言《れいげん》

二〇二〇年八月七日　収録
幸福の科学　特別説法堂《せっぽうどう》にて

芥川龍之介《あくたがわりゅうのすけ》（一八九二〜一九二七）

小説家。東京都生まれ。東京帝国大学《ていこくだいがく》（現・東京大学）文学部英文科在学中に執筆《しっぴつ》した短編「鼻」を夏目漱石《なつめそうせき》に激賞され、大学卒業後、英語教師を経《へ》て作家生活に入る。作品の多くは短編小説で、代表作に「羅生門《らしょうもん》」「蜘蛛《くも》の糸」「杜子《とし》春《しゅん》」「トロッコ」「河童《かっぱ》」等がある。三十五歳《さい》で睡眠薬《すいみんやく》自殺を遂《と》げた。死後、友人の菊池寛《きくちかん》によって、純文学系の新人作家を対象とする芥川賞が設立された。

［質問者はAと表記］

〈霊言《れいげん》収録の背景〉

太宰治《だざいおさむ》の霊言（第一部 第1章）の収録に続き、芥川龍之介の霊を招霊《しょうれい》した。

1　太宰治《だざいおさむ》に足りないものとは

芥川龍之介　芥川龍之介です。

質問者Ａ　夜分にすみません。

芥川龍之介　まあ……、もうちょっといい作品を書くように、（太宰治《だざいおさむ》に）指導しなきゃいけませんね。

質問者Ａ　でも、悪を愛している心がまだあるようです。

芥川龍之介　まだ善悪が区別できないので。仏教やキリスト教、もうちょっとちゃんと勉強しなさいっていう。

質問者Ａ　そうですね。

芥川龍之介　私は「仏教」も「キリスト教」も「道教」も勉強してるから。

質問者Ａ　やはり、会話上手なんですかね、太宰先生は。

芥川龍之介　それはそうなんじゃないの。まあ、それは影響《えいきょう》あるんじゃない？　そういう意味ではね。

まあ、まあ、ちょっとテイクケアしますよ。

質問者A　はい。芥川先生から見て、太宰先生の足りないところはどこですか。

芥川龍之介　頭。

質問者A　（苦笑）頭ですか。やはり、その善と悪を峻別《しゅんべつ》する認識力が……。

芥川龍之介　それを峻別するための材料を持っていない。

質問者A　なるほど。

芥川龍之介　教養が足りないよ。

質問者A　宗教的な勉強とか、そういうものが圧倒《あっとう》的に足りていないから、退廃《たいはい》的になっているという。

芥川龍之介　だから、偉《えら》い人ね？　そういう宗教的に〝偉い偉い人〟というのは、勉強しなきゃいけないんだよ。

質問者Ａ　何か、劣等感《れっとう》もすごくあるのかなという感じがしました。

芥川龍之介　そう、そう。そのとおりです。

質問者Ａ　輝《かがや》いている芥川先生や川端《かわばた》先生のことを神様だとは思っているけれども、おそらく、地上に生きているときには、どちらかというと、斜《なな》めに見てしまうというか、嫉妬《しっと》してしまうというか。だから、あえて違《ちが》う方向に行こうとしているような、そんな感じもしたのですけれども。

芥川龍之介　うーん……。はあー……（息を大きく吐《は》く）。まあ、中途挫折《ちゅうとざせつ》ってあるんじゃない？

質問者A　うーん、なるほど。

芥川龍之介　だから、そういうエリートコースっていうか、堅《かた》い道を歩む人についていけないから、そこからちょっと脱落《だつらく》をしたんだけど、そこでの生き筋《すじ》を探してやってたっていうことなんじゃないの？

質問者A　分かりました。

2　意志の力を生むのに必要な「倫理観《りんり》」

芥川龍之介　まあ、ちょっと、「導き」は何かつけるよ。

質問者Ａ　そうですね。ちょっと、せっかく縁《えん》ができましたので。

芥川龍之介　せっかくいるから、『地獄《じごく》物語』、ちょっと協力しろと。

質問者Ａ　（苦笑）まあ、そうですね。退廃《たいはい》生活から抜《ぬ》け出すのにけっこう苦労はすると思いますけれども。

芥川龍之介　やっぱりねえ、意志の力が必要だけど、その意志の力を生むのは「倫《りん》理《り》観」なんだよ。

質問者Ａ　うーん、なるほど。

芥川龍之介　倫理を持っていないと駄目《だめ》なんですよ。

質問者Ａ　見ていると、ああいう感じの方というのは、こちら（健全な世界）に持ってこようとしても、そちらの世界にすぐ戻《もど》っていってしまうじゃないですか。

芥川龍之介　そのほうが自由で楽しいと思うからね。

質問者Ａ　そう、そう。やはり楽しいんだと思います。

芥川龍之介　だけど、実際は、必ず苦しみが来るんですよ。

質問者Ａ　まあ、苦しそうでしたからね、実際に。

芥川龍之介　麻薬《まやく》でハイな気持ちになっても、最後は苦しんで死ぬんですよ。

質問者Ａ　でも、そちらに行くということ自体が、そもそも、自分のなかに、何か苦しみや葛藤《かっとう》といったものがあるから、そういうことをせざるをえなくなっているということですよね。

芥川龍之介　良心をね？　良心をこう、騙《だま》したいんだよ。

質問者Ａ　はい。

芥川龍之介　まあ、青森から東京に来ても劣等感《れっとう》は持っただろうし、東大でも除籍《じょせき》されたからね？

質問者Ａ　フランス文学科を……、そうですね。

芥川龍之介　まあ、そういうところはあったんじゃないの？

質問者Ａ　分かりました。

芥川龍之介　まあ、どうにかします。はい。

質問者A　すみません（苦笑）、お仕事を増やしてしまって。

芥川龍之介　いえいえ。

質問者A　ありがとうございます。

第二部　「神への反逆者」と「美の奉仕者《ほうししゃ》」

――坂口安吾《さかぐちあんご》、川端康成《かわばたやすなり》の霊言《れいげん》――

第1章　坂口安吾《さかぐちあんご》の霊言《れいげん》

二〇二〇年八月八日　収録
幸福の科学　特別説法堂《せっぽうどう》にて

坂口安吾《さかぐちあんご》（一九〇六～一九五五）

小説家。新潟《にいがた》県生まれ。東洋大学文学部印度哲学倫理学科《いんどてつがくりんりがっか》卒業後、同人誌「言葉」を創刊。一九三一年に発表した『風博士《かぜはかせ》』『黒谷村《くろたにむら》』が激賞され、新進作家として認められる。戦後、旧来の道徳観を否定した『堕落論《だらくろん》』や『白痴《はくち》』を発表し、波紋《はもん》を呼ぶ。無頼《ぶらい》派と呼ばれた。ほかの作品に『不連続殺人事件』『桜の森の満開の下』『安吾巷談《こうだん》』などがある。

［質問者二名は、それぞれA・Bと表記］

〈霊言《れいげん》収録の背景〉

二〇二〇年八月八日、ある霊人《れいじん》が大川隆法総裁のもとに来たため霊査《れいさ》を行《おこな》ったところ、坂口安吾の霊であることが判明した。

1　思想犯として地獄《じごく》に堕《お》ちた坂口安吾《さかぐちあんご》

太宰治《だざいおさむ》と「同類」と自称《じしょう》する坂口安吾

（編集注。背景に大川隆法総裁の原曲「たとえ黄金《こがね》の雨が降ろうとも」がかかっている）

坂口安吾　うーん……。てえー……。はあー（息を吐《は》く）……。ふうー……。

質問者Ａ　誰《だれ》ですか？

坂口安吾　ああー……、ほおーっ（息を吐く）。坂口安吾。

質問者Ａ　こんにちは。昨日《きのう》の夜に太宰《だざい》先生が来られました（本書第一部 第1章参照）。

坂口安吾　ああ、ああ。そうだよな。

質問者Ａ　お友達ですか？

坂口安吾　まあー……（笑）、同類。

質問者Ａ　同類ですね（笑）。

坂口安吾　もう、俺《おれ》の本なんか読む人もいねえからさあ。もういいかげん、許してくれよお。

質問者A　ということは、今、地獄《じごく》にいらっしゃるということですね。

坂口安吾　だって、もう影響《えいきょう》はないだろう。だから、映画なんかつくられると困るからさあ、本当に。チッ（舌打ち）。

質問者A　お名前は聞いたことはありますけどね。

坂口安吾　ねえ、名前、そんなもんだろう？

質問者A　（笑）

坂口安吾　だから、もう、それは、あれだよなあ。本当に、街角で乞食《こじき》が野垂《のた》れ死にしてたって、ニュースにもならんだろう。似たようなもんさ。

坂口安吾の「罪」と「罪の深さ」とは

質問者Ａ　今いる世界は、太宰先生と同じような所なんですか。

坂口安吾　まったく一緒《いっしょ》というほどではないがなあ。

質問者Ａ　というわけではないのですか？

坂口安吾　ただ、こう……、いやあ、私の場合は「反乱罪」よ。神への反乱罪な。天上界《てんじょうかい》に上がらないといかん理由はない。地獄に堕《お》ちて何が悪いの、ヘッヘッヘッヘッヘッヘッヘッヘッヘッヘ……（笑）。

質問者A　そうですね。『堕落論《だらくろん》』は、要するに、そんな感じですかね。

坂口安吾　そういうことさ。だからさあ、下へ下へ退廃《たいはい》的に流れていく人間こそ、普通《ふつう》の人間なんで。

質問者A　それが本当の人間の姿だと。

坂口安吾　そんなん、「悟《さと》りだ、修行《しゅぎょう》だ」と言って、上へ上へ上がらないといかんなんて、やめてくれよ。それこそ永遠の地獄で、永遠の苦痛じゃねえかって。まあ、そんなところかな。

お釈迦《しゃか》様みたいなのはいちばん嫌《きら》いさ。アッハッハッハッハハッ（笑）。

質問者Ａ　太宰先生より、もう少し深い所にいるのではないですか。

坂口安吾　深いも浅いもないよ。ほんの、ちょっとしたもんだからさ。

質問者Ａ　今はどんな所にいるんですか。

坂口安吾　どんな……。

質問者Ａ　いちおう、昨日の太宰先生は……。

坂口安吾　「思想犯」のほうかなあ？　どっちかといやあ。

質問者Ａ　そうなんですね。「思想犯」といったら、やはり深いですよね。

坂口安吾　だけどさあ、山登りばっかりしろって言うじゃないか。山登りはくたびれるだろう。君たちだって、くたびれるじゃないか。「人生は、重き荷を背負うて山を登るがごとし」じゃ、やってられないじゃん。転げ落ちるのは、まあ、最後はしょうがない。気楽なもんで。ほとんどの人間は引力に勝てないから、転げ落ちるのさあ。

質問者Ａ　でも、山に途中《とちゅう》まで登って、また下に行くのも、わりと体力が要《い》りますよね。

坂口安吾　ヘッヘッヘッヘッヘッヘッ（笑）。

質問者Ａ　（笑）下に堕ちていくのも大変ですよ。

坂口安吾　（歌いながら）堕ちてー、行くのも～、大変なのーさ♪
だってさあ、今は堕天使を批判するけどさ、ルシフェルだって、天上界から地獄の底まで叩《たた》き堕とされたら……。燃えながらなあ、隕石《いんせき》みたいに堕ちたら、それはしんどかろうよ。暴《あば》れたくもなるぜ。

質問者Ａ　でも、結局は、自《みずか》ら自身のその思想によって、しんどい世界にいるということですよ。

坂口安吾　知恵《ちえ》の木《こ》の実《み》を食ったら、エデンの園《その》から追い出してしまうっていう、神様の心が狭《せま》いんだよ。その心を直さないといかんな。

2　誤った仏教思想に染まった考え方

坂口安吾が考える〝正しい仏教論〟とは

質問者Ａ　あなたは、印度哲学科《いんどてつがく》を出ていて、中学校も、真言宗《しんごんしゅう》の中学校だそうですね。

坂口安吾　そうなんよ、うん。

質問者Ａ　仏教かぶれしているんですね。

坂口安吾　知ってはいるよ。君たちと、正しい仏教論を説いてやってもいいんだけどなあ。

質問者A　正しい仏教とは何でしょう。

坂口安吾　正しい仏教とは、「人間は煩悩《ぼんのう》の塊《かたまり》だ」っていうことだよ。

質問者A　なるほど。そちらですね。

坂口安吾　うん、うん。だから、わしが地獄《じごく》に、もし行っとるとするならばだよ？　親鸞《しんらん》が友達でいないっていうのはおかしいんだよ。あれは「堕落論《だらくろん》」だろう。

質問者A　違《ちが》います。親鸞は自分の悪に気づいていたので、「自分は悪を犯《おか》している」という自覚があったわけですよ。

坂口安吾　嘘《うそ》、嘘。だからさあ、それは自分で一人で反省しとりゃあええのさ。だけど、「自分はこんな悪を犯した。こんな悪を犯した。阿弥陀《あみだ》さんが救ってくださる」って、全国で言って回ったんだからさあ。小説家が広めてるのと変わらへんよ、あれは。

質問者Ａ　でも、坂口先生はあれなんじゃないですか？

坂口安吾　「先生」って言ってくれた？　うれしい。

質問者Ａ　いえ、まあ、いちおうですね。

坂口安吾　懐《なつ》かしいなあ。

質問者A　（笑）「阿弥陀様に救ってほしい」とも思っていないでしょう?

坂口安吾　うーん、だから、親鸞的には、救ってくれなきゃいけないんだろう?

悪人は。

質問者A　救ってほしいのですか。

坂口安吾　だけど、誰《だれ》も来ないじゃない。

質問者A　救われたいと思っていますか。

坂口安吾　救ってくれない。あっ、今日はちょっと声がかかったから来てるが。

質問者A　いえ、別にかかっていないですよ。

坂口安吾　かかったんよ。

質問者A　（笑）

坂口安吾　かかったの。〝友釣《ともづ》り〟。

「宗教は人を騙《だま》すもの」と主張する

質問者A　「人間失格　太宰治《だざいおさむ》と3人の女たち」という映画のなかで、主演の小栗旬《おぐりしゅん》さんが太宰治を演じています。

坂口安吾　うん。わしも出演……。

質問者A　藤原竜也《ふじわらたつや》さんが、坂口安吾役を演《や》っていました。

坂口安吾　演ってただろう?

質問者A　高良健吾《こうらけんご》さんが三島由紀夫《みしまゆきお》役を演っていて、一喝《いっかつ》を加えていました。

坂口安吾　うん、うん。まあ……、いやあ、「堕落論」を説く人がいたら、「自分はそこまでは行っていないから。普通《ふつう》に道を歩いとるだけやから、ましかな」と思って、心が安らぐ人もいるわけやから。わし自身が阿弥陀様っていうこともありえるわけよ。

質問者Ａ　いえいえ。太宰先生より悪が深いですよ。

坂口安吾　そんなことはない。わしはそんなになあ、人を殺《あや》めることをよしとはしとらんのだ。

質問者Ａ　いえ、太宰先生は、まだ、自分の領域のなかで遊んでいるというか、ストレスから逃《に》げて、堕落した生活を送っているんですけれども、確かに、あなたはもう少し思想犯ですね。

坂口安吾　うん。だから、本来なら、もうちょっとちゃんと勉強して、宗教家として人を騙《だま》すところまで行かないといかんかったかもしらん。

質問者Ａ　宗教は人を騙すものなんですか。

坂口安吾　ああ、それはそうだろう。そんなの、もう、ほとんどさあ、今、誰も確認できない何千年も前のたとえ話で、いっぱい〝引っ掛《か》けとる〟んだからさ、うん。

質問者B　（苦笑）あの世にいる方がそういうことを言うのは面白《おもしろ》いですね。

質問者A　そうですね。

坂口安吾　フフッ（笑）。死後も「魂《たましい》がある」ということが分からず、屁理屈《へりくつ》を言う

質問者A　でも、魂《たましい》はあったんですよね？

坂口安吾　魂があったかどうかなんて、それは、魂自身には理解できんことだよ。

質問者Ａ　えっ？

坂口安吾　肉体はあった。魂はあったかどうか分からん。

質問者Ａ　分かりました。屁理屈《へりくつ》男ですね。

坂口安吾　うーん。

質問者Ａ　屁理屈で、そうやっていろいろ考えて、結局、仏教を勉強するにしても、そうやって考えていたから……。

坂口安吾　「肉体をなくしたら、魂になる」って言うんやったら、魂やのに、いろんなものが実体感を持って世界があるっていうのは、どういうことなんだ。これはおかしい、うん。

質問者Ａ　どうしておかしいのですか。

坂口安吾　まあ、だから、「死んだら何もかもなくなる」っていうのが仏教の教えなんだよ。

質問者Ａ　出ました！（仏教学者だった）中村元《なかむらはじめ》さんとかがいるところに行きますか。

坂口安吾　だから、正統派の仏教研究者なんだよ、うん。堕落する人がいて初めてなあ、そういう、何と言うかねえ、教主《きょうしゅ》だとか僧侶《そうりょ》とかが食っていけるようになるわけよ。だから、彼らにご飯の〝種《たね》〟を与えとるわけよ。もうお盆《ぼん》だよ。だからさあ、僧侶が説くお経《きょう》に力があるんならさあ、俺《おれ》を救ってみろっていうんだよ。

質問者Ａ　いえ、あなた自身が考え方を変えないかぎり、いくら高僧が来ても救えないですよ。

坂口安吾　いや、そんなのは「親鸞の言う善人」だろうが。「自分で考え方を変えて、救われる」なんていうのは善人のことで。わしのような悪人は、それは、そんなことはとてもできない。

質問者Ａ　でも、何を言っても、絶対にそうやって屁理屈で言い返してくるじゃないですか。

坂口安吾　うん。

質問者Ａ　面倒《めんどう》くさいなあ……、と言ってはいけないんですが（苦笑）。

自分の学歴に対する根深い劣等《れっとう》感

坂口安吾　いや、太宰なんかにさあ、そんなもん、東大の仏文《ふつぶん》科に入って落ちこぼれたぐらいで、そんなになあ、偉《えら》そうに暴《あば》れるんじゃねえよなあ。東大に行けなかったやつだっていいるんだからさあ。

質問者Ａ　東大に行きたかったんですか？

坂口安吾　いや、まあ、そらあ……。

質問者A　行きたかったんですね。

坂口安吾　文士《ぶんし》は多かったわなあ。それはなあ、うん。

質問者A　行きたかった？

坂口安吾　まあ、いや、それは言うてもしょうがないよ。わしは〝少欲知足《しょうよくちそく》〟やから、そんなことはない。

質問者A　いえ、そういう劣等《れっとう》感から、そういうふうに斜《なな》めに穿《うが》った世界観になっている可能性もありますからね。

坂口安吾　あんなもん、わしの行った学校なんか出て、就職なんかろくにできやせんがな。

質問者Ａ　それは東洋大学の方たちに失礼です。

坂口安吾　東洋大学に行って、あんた、丸《まる》の内《うち》の会社に勤められると思うなよ。それは、もうねえ、やれるのは、せいぜい歌って踊《おど》って、エンタメの世界でちょっと使ってもらえるぐらいだ。ハハッ（笑）。

自分の悪《あく》を〝エンジョイ〟している坂口安吾

質問者Ａ　今日は、太宰先生から紹介《しょうかい》された感じですか？

坂口安吾　いやあ、それは〝二人〟で出ないといかんでしょう、揃《そろ》って。

質問者Ａ　でも、違う所（霊界《れいかい》）にいるんですよね？

坂口安吾　いやあ、違うっていったってさあ、それは、心は一念三千《いちねんさんぜん》だからさ、念《おも》えば、それは通じちゃうんだよ。

質問者Ａ　菊池寛《きくちかん》とも違う所ですか。

坂口安吾　いやあ、多少、違うなあ。あっちは金儲《かねもう》けがうまいほうの地獄やから。

質問者Ａ　はい、はい。

坂口安吾　うん。うちは、金儲けはそんなうまくないが。ただ、何て言うかなあ、うーん……。

質問者A　人の悪《あく》をえぐるところは似ているのですか？

坂口安吾　いやいや、いやいやいやいやいやいやいや。そうでなくて、人の悪というか、自分の悪を〝エンジョイ〟してるからさ。

質問者A　いえ、確かにいますよ。「人の悪を描《えが》けることこそ人間性が深い」というか、「人間らしい」というか、「人の悪こそ人間の本当の姿だ」というようなことを言う人はいます。

坂口安吾　だから、検事をやったり、裁判官をやったりして、地獄に来てるやつは、本当に恥《は》ずかしいしさ、ええ。閻魔《えんま》様と会って、自分を弁護してる弁護人も弁護士も恥ずかしいしさ、フンッ。

ジャーナリストなんかいっぱい堕《お》ちてるよ、今だって。無名だからさ、名前が出ないから分からんだけでさ。悪い記事を書いてたやつらもいっぱいいるし、テレビ局のやつもいっぱいいるぜよ。うん、本当に。

小説では『蜘蛛《くも》の糸』のカンダタの気持ちを書いている

質問者Ａ　やはり、芥川《あくたがわ》先生の本とかも愛読しているんですか。

坂口安吾　それは、そうだよ。

質問者Ａ　『蜘蛛《くも》の糸』を読んで、この思想に行くんですか。

坂口安吾　堕ちたカンダタの気持ちを書くのが、わしの小説だろうが。蜘蛛の糸がプチンと切れて、「あああああー」と堕ちてしもうた悲しさを書かなきゃいかん。

質問者Ａ　自分がカンダタだと分かっているのに、その自分から脱《だっ》したいとは思わないのですか。

坂口安吾　いや、そこではなあ、お釈迦《しゃか》様の不徹底《ふてってい》さを、やっぱり指摘《してき》するわけだよ。蜘蛛の糸をいったん垂らして救おうとしたのに、ほかの人が一緒《いっしょ》に上がってこようとしてるから、「こらっ、おまえらには下ろしたわけでねえだろうが」って叱《しか》った人を、糸をプッチンと切って落としてしまうっていうのは、それは無慈悲《むじひ》だろうが、うん。「そうかあ、いっぱい上がってきたか。じゃあ、ロープにするかあ」って言って、ロープを投げるのがお釈迦様の仕事ではないか。な？

人間の側にあくまでも立って、人間の考えるべきことや苦しみや悲しみ、あるべき姿を説くのが私の仕事なんだ、うん。
お釈迦様は、蜘蛛の糸が切れても、あと、蓮《はす》の池の周りを昼まで散歩されて、「もうすぐお昼でございます」なんて言うんでしょう?

質問者A　いえ、お釈迦様も、そういう人たちの気持ちまですべて分かっているんですよ。地獄に堕ちている人たちのことを。

坂口安吾　いや、分かってない。別だと思うとるんよ。

曲げられた仏教の教え等を学び、憑霊《ひょうれい》体質になる

質問者A　あなたは、真言宗の中学も出ましたし、宗教に目覚めて、求道《ぐどう》の思いが強くなり、仏教を本格的に研究しようと思って、東洋大学印度哲学倫理学科《りんりがっか》に入っ

たと言われています。そして、竜樹《りゅうじゅ》に影響《えいきょう》を受けたりして、頑張《がんば》っていたんですね。

坂口安吾　うーん。素晴《すば》らしい。

質問者A　ただ、このころに交通事故に遭《あ》って、その後遺症《こういしょう》で、頭痛や被害妄想《ひがいもうそう》が起こりがちになっています。そして、睡眠《すいみん》時間をほんの四時間にして、仏教書や哲学書を読みふけるようになったそうです。

坂口安吾　ほお、勤勉やなあ。

質問者A　そのような猛勉強《もうべんきょう》の生活を一年半も続けたところ、神経衰弱《すいじゃく》に陥《おちい》っています。

坂口安吾　ああ、頭が弱かったんよ。

質問者Ａ　また、芥川先生の自殺でさらに調子が狂《くる》い、自殺欲や発狂《はっきょう》の予感を感じて、大変になってしまったらしいです。

坂口安吾　それは、宗教の勉強をしてだな、憑霊《ひょうれい》体質になったんだ。いろんな霊体質になって。

質問者Ａ　仏教の勉強をしていて、分からなかったということですか。

坂口安吾　仏教だってさ、今の学者が間違ってるだけじゃないんで。もっと前から、間違いはいっぱいあるわなあ。

質問者A　なるほど。今、大学などで、仏教学として勉強する仏教系の書物のなかには、かなり害悪が流れています。後世の〝人間〟によって書かれた釈尊《しゃくそん》の教えはかなり曲げられているので、もしかしたら、仏教の教えを勉強して、心の平安を得るのではなく、違った方向に行ってしまったのかもしれません。

坂口安吾　うん、いやあ、仏教学者、宗教学者、哲学者で「地獄行き」っていうのは、それはたくさんいるよ。

質問者A　生前、自殺願望が増したらしいのですけれども、何か来ていた霊などはいましたか。

坂口安吾　うん、それはいる。いやあ、その時代はねえ、みんな、不慮《ふりょ》の死に方をした人はウジャウジャおったでな。うーん。

質問者Ａ　ああ。『堕落論』も、敗戦直後に書いたものなんですよね。

坂口安吾　もう、死んだらそのままだし、もう死人の山よ。なあ？　迷う亡者《もうじゃ》の山よ。腹が減ったりさあ、失ったものばかりで苦しんでる人がいっぱいいてな、うーん。そら、やる気は出んよなあ。

3 「堕落論《だらくろん》」を広めた重い罪

生きているときは苦しくて、名前が売れると余計つらかった

質問者Ａ　どうですか、自分の人生を振《ふ》り返ってみて。

坂口安吾　うーん……。「ほかに、何ができたって言うんだ」っていう感じだなあ。芥川《あくたがわ》は、あれで天国に行っとるって言うんかい。チッ（舌打ち）、けしからんやっちゃな。うん。

質問者Ａ　いえ、でも、やはり芥川先生の本を読むと、けっこうすごいですよ。消《しょう》耗《もう》した部分もあると思うんですけれども、消耗した分の作品の内容が素晴《すば》らしいで

はないですか。

坂口安吾　まあ、あれも宗教が好きやからな。勉強はしてるのさ。お釈迦《しゃか》様やキリスト様に、ちょっとは近づきたかったんだろうよ。

質問者Ａ　あなたは勉強した結果、遠ざかったということですよね。

坂口安吾　うん、まあ、やっぱり、「しょせん、昔の教えでは救われん」という感じね。現在のこの敗戦とかさあ、人々の貧困《ひんこん》や堕落《だらく》みたいなものを救えないということで。

それを社会的に訴《うった》えることでやなあ、もうちょっと、地位や権力や財力のある人たちがだな、そういう人たちを救おうという気持ちを起こすように導こうとしとったわけだよ、うん。

質問者A　いえ、十分、仏教の教えが活《い》きると思いますけれどもね。その敗戦で荒《こう》廃《はい》しているときに。

坂口安吾　活きないねえ。仏教じゃあ力が出ねえ。

質問者A　では、何がよかったのですか。

坂口安吾　え？

質問者A　やはり、執着《しゅうちゃく》を断《た》つのではなくて、欲とか執着とかがあったほうが生きやすかったということですか。

坂口安吾　いや、正しいところもあったと思うよ。「この世は苦しみの世界だ」って言うんだろう？　それは正しかったわ。

質問者Ａ　生きているときは苦しかったですか。

坂口安吾　（咳《せき》）まあ、それは苦しいわなあ。つらい。名前が売れてきたら、余計つらかったわなあ。

質問者Ａ　どんなところがですか。

坂口安吾　いやあねえ、君、こう……、まあ、言うても分からんかもしらんけどさあ。ギリシャなんかでねえ、神話であるけどさ、大きな岩を山の上まで一生懸命《いっしょうけんめい》に転がして上げて、そうしたら上からまた転げ落ちて、またもう一回上まで上げていって、また転げ落ちて。これを永遠に繰《く》り返すのが地獄《じごく》と思いきや、この世もそうだったんじゃ……。働いても働いても楽にならんしさ。幸せの世界はやって来ないのさ。

質問者Ａ　（先ほど背景で流していた）この総裁先生の原曲《げんきょく》のなかに、「たとえお金が降ってきたとしても、自分の大切なものを手放しちゃいけないよ」という歌詞が……。

坂口安吾　いやいや、「お金」のほうが大事ですよ。

質問者Ａ　（笑）

坂口安吾　一日、幾《いく》らかかるかは、やっぱり計算して生きないといかん。

質問者Ａ　やはり、作家さんはみな、そこでまず最初にして最大の難関が来るんですね。

坂口安吾　いや、やっぱり仕事だよな。仕事の意味となあ、なんか、働いても働いても報《むく》いられない感じとか。名前が上がってもさあ、悪口も同時についてくるやろう？　本当にな。

だから、『堕落論』というのは、ある意味での「共産主義」にも代わるような思想なんだ。

質問者Ａ　でも、その『堕落論』を読むことで、地獄に堕《お》ちる人が多くなりそうですよね。だって、人間は悪でいいんでしょう？

坂口安吾　「坂口みたいになりたくはない」と思う人だっているかもしらんね。

川端康成《かわばたやすなり》の文学はどう見えるか

質問者Ａ　川端康成《かわばたやすなり》先生のことは、どう見えますか。

坂口安吾　はあ……（ため息）。

質問者Ａ　お葬式《そうしき》で、いちおう何か言ってくれたらしいですね。

坂口安吾　あんな文章は書けないよなあ。

質問者Ａ　いちおう、美しい文章を書く人だと思っているのですね。

坂口安吾　うん、だから、最初の一行であんなに凝《こ》って書いてたら、とてもじゃないけど続かないよ。無理だよ。

質問者Ａ　でも、川端先生がいちばん長生きしていますけれどもね。

坂口安吾　うーん、続かないねえ。

質問者Ａ　七十二歳《さい》まで生きています。

坂口安吾　うーん。あんな幼少時から不幸に見舞《みま》われとるんやから、ちゃんと〝地獄論〟を書いたらええのに。

質問者Ａ　確かに、そのような環境《かんきょう》から、あなたとは反対に、美しい世界観のほうに行ったんですね。

坂口安吾　美しい世界で……。

質問者Ａ　美しいですね。

坂口安吾　文学を、詩的な美しい世界にしようと思うたんやろなあ。

質問者Ａ　うーん、確かに。

坂口安吾　なんでそう思えるんかは、わしにはよう分からん。

質問者Ａ　なるほど。

坂口安吾　ノーベル賞までもろうたんやろ。なんでかは、よう知らんね。名前があるからといって〝偉《えら》い〟とは限らない「文学の怖《こわ》さ」

質問者Ａ　佐藤春夫《さとうはるお》先生という人はどうですか。

坂口安吾　ハハハハッ（笑）。あんまり名前を出すと、次々来るぞ。

質問者Ａ　出すとまた来ますね（笑）。

坂口安吾　知らないぞ。わしは知らんぜよ。そんなん、名前があるからって、〝偉《えら》い〟とは限らんぜよ。

質問者A　限らない……。ああ、では、〝そちら系〟なんですね。

坂口安吾　それが「文学の怖《こわ》さ」だよ。

質問者A　なるほど。

坂口安吾　文学で名前が売れてもな、どっちでも売れるからな。いいほうでも悪いほうでも売れるのさ。

質問者A　わりと、幽霊《ゆうれい》系をよく書いている人ですよね。

坂口安吾　ヘッヘッヘッヘ（笑）。いやあ、わしは、だからさ、戦後の〝発狂《はっきょう》の時代〟について書いたんよ。

質問者Ａ　でも、そこは重要な論点ですね。この間も、霊友会《れいゆうかい》の初代の方の霊がいらしたんですけれども、やはり、「この世で売れているほうが偉大《いだい》だ。偉いんだ」という思想でした。

坂口安吾　いや、『法華経《ほけきょう》』が最高の教えでさあ、「南無妙法蓮華経《なむみょうほうれんげきょう》」を唱《とな》えとりゃ、先祖供養《くよう》ができて幸福になれるって言うんだろ？　それなら、密教《みっきょう》も勉強したけどさ、「即身成仏《そくしんじょうぶつ》」の思想と変われへんわな、そんなに。

質問者Ａ　なるほど。

坂口安吾　ええ。でも、騙《だま》しがあるんだよ。自分が救われとれへんがね。

自分の心を赤裸々《せきらら》に書くことが坂口安吾の仕事

質問者A　では、坂口先生はこんな感じなので、客観的に、「坂口先生はどんな人か」というコメントをもらうなら、芥川先生、川端先生、三島《みしま》先生のうち、どの人がいいですか。どの人の意見なら、多少聞こうと思いますか。

坂口安吾　うーん……（息を吐《は》く）。うーん（息を吐く）。ああ……、はあ……。

質問者A　でも、川端先生の文章を読んで、美しいと思う心があるということですよね。

坂口安吾　それは、君らみたいな素人《しろうと》が読んで美しく感じるぐらいなら、わしらみたいなプロの作家が読めば、それはもっと分かるさ。

質問者Ａ　では、本当は、ああいった美しい文章のようなものを書きたかったところもあるのですか。

坂口安吾　だから、わしが書くと、それは嘘《うそ》になるわけよ。

質問者Ａ　どうしてですか。

坂口安吾　自分の心をな、赤裸々《せきらら》に書くのが仕事やから。

質問者Ａ　なるほど。でも、その心がないから書けないということですよね。

坂口安吾　「書けない」っていうことよ。書けないんだよ。うん。

だから、川端先生みたいに、両親を亡《な》くしてとか、ねえ？　その預けられた人も亡くなったかなんかして、転々としながら学問で身を立てて、小説家になって地位をつくったような人から見りゃあなあ、私なんか烏合《うごう》の衆っていうか、凡人《ぼんじん》だからな。そんなんはさ、虫けらがどこでどう死のうが、知ったことじゃなかろうが。

質問者Ａ　分かりました。では、あとで川端先生に総括《そうかつ》をお願いしましょう。

坂口安吾の今いる世界はどんな世界か

質問者Ａ　ちなみに、今いる世界はどんな世界なんですか。周りの景色とかは分かりますか？

坂口安吾　うん？　いやあ、まあ、座敷牢《ざしきろう》みたいなもんよ。

質問者Ａ　ざし……（笑）。それは閉《と》じ込《こ》められているんじゃないですか。もう思想的に悪さをしないように。

坂口安吾　うん、そうだよ。

質問者Ａ　けっこう深いじゃないですか。

坂口安吾　深いか浅いかは、それは知らん。

質問者Ａ　たぶん深いと思います。

坂口安吾　いっぱいいるよ、でも、たぶん。

質問者A　ああ……。周りに人は見えないということですか。

坂口安吾　みんな、それぞれの独房《どくぼう》に入っとるでな。基本……。

質問者A　「病院の特別室にいる」などと言う人よりは、自分のことを少しは分かっていますよね。

質問者B　確かに。

坂口安吾　刑務所《けいむしょ》で犯罪人ばっかりいっぱい入れすぎるとさあ、なかで、また悪さをし始めるんじゃないか。

質問者A　なるほど。見回りに来るような人はいるんですか。

坂口安吾　ああ、鬼《おに》みたいなのは、よく徘徊《はいかい》はしとるさ。

質問者Ａ　へえー！　では、草津《くさつ》の鬼さんのような……。

坂口安吾　草津かあ……。（歌いながら）草津よいとこ一度はおいで♪　っちゅう。ハハハハハハハハッ（笑）。

質問者Ａ　では、本日はありがとうございました。

坂口安吾　まあ、ちょっと行き場所が違《ちが》うのよ。だからな、あっちのような、昨日《きのう》の……。

質問者A　太宰治《だざいおさむ》先生ですか。

坂口安吾　太宰さんは、まあ……、うーん……、「無頼漢《ぶらいかん》」と「色情《しきじょう》」とが合わさったような所だろう?

質問者A　はい。

坂口安吾　私は、そっちよりも、格子戸《こうしど》が入って……、格子っていうか、あれが入っとるからさ。監禁《かんきん》だよな。

質問者A　監禁されています。

坂口安吾　うん。だから、君たちが「許しの言葉」をかけてくれると、ありがたいなあ。

質問者Ａ　いえ、まだちょっと悟《さと》りが……。

坂口安吾　本が売れ続けるかぎり駄目《だめ》なのか。

質問者Ａ　あなたの考えが、まず変わらないといけません。

文豪《ぶんごう》たちの才能や能力を見て、心が屈折《くっせつ》する

坂口安吾　ああ、川端康成にさあ、『堕落論』を書かせてみたかったよ。

質問者Ａ　でも、あなたのような人は、おそらく、世の中にもたくさんいると思います。

坂口安吾　それはいっぱいいよ。

質問者Ａ　「神様なんて、ケッ」というような人は。

坂口安吾　いっぱいいるよ。いっぱいいるさ。

質問者Ｂ　あなたは、「悪を楽しんでいる」と言いつつ、やはり、救われたいような感じが……。

質問者Ａ　そうそうそう、確かにそうですね。聞いていても、何かちょっと苦しみはありますよね。

坂口安吾　いやあ、わしらの世界は才能の世界だからさ。なんで才能がある人とない人がいるのかって、分からんけどさ。

質問者A　でも、昨日の太宰先生のお話を聞いても、やはり、挫折《ざせつ》感というか劣等《れっとう》感というか、文学界で、「ああなりたい」という人がたくさんいるなか、自分の才能のなさを感じて、余計に世間《せけん》を恨《うら》むではありませんけれども、「悪こそいい」といった方向に行っているような気もしました。

坂口安吾　川端先生みたいな才能はないしさ。かといって、三島由紀夫《ゆきお》みたいにさ、大蔵省《おおくらしょう》の役人をやりながら作家をやるなんていうさ……。もう、能力が余っとるんでないか。

不公平だ、なんか。な？　大蔵省に行ったら役人をやれっていうんだ、ずっとさ。物書きまでやるなっていうんだよ、本当にもう。

質問者A　確かに、すごい文豪《ぶんごう》たちがたくさん出ていた時代だから、ある意味で、少し屈折《くっせつ》してしまったところはあるのかなという気が……。

坂口安吾　いやあ、帝大《ていだい》を出てなきゃねえ、もう駄目だったのよ。

質問者A　ああ、そこもあるんですね。

坂口安吾　帝大出てなきゃ一流じゃないのよ。だから、わしらみたいな〝三文《さんもん》大学〟を出たやつはさあ、スポーツ紙の記事みたいなもんでさ、低級だと知ってて書かなきゃいかんのさ。そういうニーズもあるからさ。〝低級な人〟に奉仕《ほうし》するための、〝低級な文章〟を提供しなきゃいけない。

うーん。まあ、モグラの世界かな、うん。「地面の下はこうでした」って。へへへへッ（笑）。

質問者Ａ　うーん……。やはり文学界のなかにも、「天国」と「地獄」が幅広《はばひろ》くあるんだなと……。

坂口安吾　うん、まあ、比較《ひかく》的、地獄のほうが多いかもしらんな。

質問者Ａ　今は、もっとそうなっているかもしれません。

坂口安吾　ああ、今はもう、現代はひどいんじゃないかなあ。

質問者Ａ　映画とか観《み》ても、そうですよね。

坂口安吾　うーん。わしなんかに憧《あこが》れとる人までいるんじゃないか。

質問者Ａ　ああ、確かに。

坂口安吾　うん。『堕落論』を書いて……、まあ、違ったかたちで書いてる人はいっぱいいると思うが、有名にはなれんからさ。

「人の心を迷わせた者は、地獄《じごく》へ行って逃《に》げられなくなりますよ」

質問者Ａ　では、現代の人にメッセージはありますか。

坂口安吾　だから、結論を言やあさあ、うーん……、人間が下に堕ちていくものを一生懸命に書いて、面白《おもしろ》く、まあ、今だったらエンタメにするんかもしらんけど、そんなことばっかりしてて、だんだん人の心を迷わせた者は、地獄《じごく》へ行って、逃《に》げられなくなりますよと。

「死んでから先のことは知らん」と、「この世で食っていくためにはしょうがないでしょう」っていう人はいっぱいいいるけど、その場合は、「来世《らいせ》は諦《あきら》めなされ」と、「いつ出られるかは、もう分からんからね」って。まあ、そんなことやなあ。

質問者Ａ　独房に入れられて、普段《ふだん》は何をしているんですか。じーっと、ボーッとしているのですか。

坂口安吾　われわれには時間も何もないのさ、うん。もう山椒魚《さんしょううお》みたいなものさ。

質問者Ａ　出ましたね（笑）。

坂口安吾　フッフッフッ（笑）。偉くなる先生もいるしなあ。作家はみんな「先生」

と言われるんだがなあ。

質問者A　その『山椒魚』を書いた井伏鱒二《いぶせますじ》先生は、近くにいるわけではないのですか。

坂口安吾　そんなん、わしは知らんよ。
作家の数だけ、天国と地獄もあるんじゃないの？

質問者A　なるほど。
では、川端先生に総括《そうかつ》をお願いしようと思います。

坂口安吾　うーん……。

質問者Ａ・Ｂ　ありがとうございました。

第2章　川端康成《かわばたやすなり》の霊言《れいげん》

二〇二〇年八月八日　収録
幸福の科学　特別説法堂《せっぽうどう》にて

川端康成《かわばたやすなり》（一八九九～一九七二）

小説家。大阪《おおさか》府生まれ。東京帝国《ていこく》大学（現・東京大学）文学部国文学科卒。卒業後、横光利一《よこみつりいち》らと「文藝《ぶんげい》時代」を創刊。一高《いちこう》時代の伊豆《いず》旅行の体験をもとにした『伊豆の踊子《おどりこ》』などを発表し、新感覚派の代表作家として活躍《かつやく》した。日本的美意識を追究し続け、一九六八年、日本人初のノーベル文学賞を受賞。代表作に『雪国』『山の音』『眠《ねむ》れる美女』『古都《こと》』などがある。

［質問者二名は、それぞれA・Bと表記］

〈霊言《れいげん》収録の背景〉

坂口安吾《さかぐちあんご》の霊言（第二部 第1章）の収録に続き、川端康成の霊を招霊《しょうれい》した。

1　「自由論」と「堕落論《だらくろん》」に対する見解

大川隆法　「自由論」が「堕落論」と一緒《いっしょ》であるような人は、苦しみが続く川端康成《かわばたやすなり》先生、川端康成先生。川端康成先生……。

（約十五秒間の沈黙《ちんもく》）

川端康成　川端です。

質問者A・B　ありがとうございます。

質問者Ａ　昨日《きのう》から太宰《だざい》さんと坂口《さかぐち》さんがいらっしゃいましたが。

川端康成　うん。まあねえ、人間として生まれてさ、そのなかにさ、永遠なるもの、普遍《ふへん》的なるものをね、やっぱり追い求めている人？　追い求めて、それを書き記《しる》したいとかね、後世に遺《のこ》したいとかね、そういうふうに思ってるような人は、それは、神様に近づいていくのさ。

質問者Ａ　はい。

川端康成　「そんなものはありはしない。永遠性や普遍性なんかありはしない」と、ただ今日を生きるだけの、「どう生きようと勝手じゃないか。俺《おれ》の自由だ」っていう。だから、「自由論」が「堕落論《だらくろん》」と一緒《いっしょ》であるような人は、それは、この苦しみが意外に続くんだな。

この日限りの、「今日だけ自由であればいいよ」っていう人が、今日だけで済まなくなってなあ、永劫《えいごう》の苦しみのなかにあってさ。永遠普遍の世界を求めて生きた人は、毎日毎日が達成感のある世界に行くこともできるのさ。うーん、難しいけどね。

まあ、文学は、プロになれば、みんな「先生」と言われるんだがなあ。まあ……、どの文学を愛するかによって違《ちが》ってくるし、どの人がどこへ行っているかは、みんな知らんからな。

質問者A　はい。

人間社会のなかの美しいものを目に留《と》めようと努力した川端康成

川端康成　私だって、そらあ、境遇《きょうぐう》は……、幼いころは愛欠乏症《けつぼうしょう》の境遇ではあるから、それを訴《うった》え続けるものを書いてもよかったんだけどさ。だけど、まあ、もうちょっと、人間社会のなかの美しいものを目に留《と》めようと努力したのさ。

だから、孤独《こどく》な一高生《いちこうせい》が、ねえ？ 伊豆《いず》の踊子《おどりこ》に会って、「いい人はいいね」とか言ってもらった一言《ひとこと》で救われる。そういう瞬間《しゅんかん》を捉《とら》えてさ、文にして、後世に遺す。まあ、何に感応するかだよな？ それは、一高生の頭から見りゃあ、伊豆の踊子なんちゃあ、旅芸人で身をやつしたような人間だけどさ。そういう人でも、何て言うか、病《や》んだ一高生の心を癒《い》やすような言葉を言うことができる。そういう純な心に刺激《しげき》されてね、人は立ち直ることもあるわけよ。

だから、神だ仏だといっても、はるかな、遠い世界にいるもんでなくてさ、庶民《しょみん》の心のなかにも潜《ひそ》んでいるんだよ。その一言一言との出会いがな、人生を美しいものに変えていくんだよな。分かるかな？

質問者A　すごいですね。

川端康成　うーん。

質問者Ａ　やはり、何か仏様に近い感じがします。

川端康成　だから、どういう価値観を選び取るかはね、それは自由だけどさ、そして、どういう価値観が読者を獲得《かくとく》してるかどうかは、まあ、分からないけどさ。だけど、まあ、自分の人生の責任は、自分が取らなきゃいけないっていうことで、神様仏様は、死後の世界で公平にお裁《さば》きはなさってるということですよ、うーん。逃《のが》れることはできない。

だから、この世で何をしたら偉《えら》く、何が駄目《だめ》か、なかなか分からんことはいっぱいあるけどさ。

例えば、作家で、金儲《かねもう》けした人と、できなかった人がいるわなあ?　できなかった人は地獄《じごく》へ行きやすい気もするけども、金儲けができなくても、天国へ行ってる人もいれば、地獄へ行ってる人もいる。金儲けできても、地獄へ行ってる人もいれば、天国へ行ってる人もいる。いや、そりゃあなあ、だから、「心」が肝心《かんじん》なんだよ、すべてなあ。どこ行っても。

「神様仏様の世界」が開けるのはどんな人か

質問者Ａ　今、続けて坂口さんと川端先生のお声を聞かせていただいて、すごく、何かこう、こんなに差があるといいますか……。やはり、魂《たましい》というか、心の美しさというか、奏《かな》でるものが、すごく違うんだなと感じます。

川端康成　大川隆法先生だって、それは、ね？　普通の人間と同じような世界に生きておりながら、そのなかから、珠玉《しゅぎょく》の玉のようなものを見つけていこうとされてるんだろ？　そして、それを後世の人たちに遺したいと思ってるんだろ？　そこに「愛」があるからさ、ついてくる人もいて。

それに抗《あらが》ってる人もいるわけよ。そらあ、「堕落して何が悪い」、なあ? 「いいじゃないか。人間失格で何が悪い」って。「俺の人生、どう使おうと自由じゃないか」って、そんな人はいっぱいいるよ、若いうちからな。

でも、晩年、苦しむことになる、だいたい中年からあとはな。そういう、若い時代に自暴自棄《じぼうじき》で生きた人は、代償《だいしょう》を払《はら》わなきゃいけないから、生きるのは苦しい。まあ、そういう意味での自殺をする人もいると思うし、自殺しなければ、「社会破《は》壊《かい》」とか、「人々の破壊」に入《はい》ることをして、仲間を増やそうとする。そうすると、地獄の悪魔《あくま》と同じような境地に達するわけよな。

だけど、環境《かんきょう》がいかに悪くともな、「それに染まる、染まらない」は個人の自由でね、環境を乗り越《こ》えて、自分の世界を構築《こうちく》した者には、神様仏様の世界が開けるんだよ。

2　人間の生き方のなかに一条の光明《こうみょう》を見いだす

悲劇が起きても「人生や人の美しさ」を求められたのはなぜか

質問者Ａ　せっかくの機会なので伺《うかが》います。実は、川端先生の霊言《れいげん》は、私たちは少し接しさせていただいてはいるんですけれども、こういう（多くの方に開示する）かたちで霊言を賜《たまわ》るのは初めてになるかもしれません。

川端先生は、小さいころから、ご家族、身内が次々と亡《な》くなっていかれる環境《かんきょう》にありました。かつ、おそらく、もともとちょっと霊能者体質であられたのかなと思うんですけれども。

川端康成　そうだね。うーん。

質問者Ａ　太宰《だざい》さんや坂口《さかぐち》さんのような心だと、おそらく、そういう環境に生まれると、神仏《かみほとけ》を恨《うら》む方向に行きかねないですし、かつ、霊能者なので、さらに増幅《ぞうふく》されて、もっと危ない人生になってしまうのではないかと思うんです。

川端先生は、そのように、霊能的に感じやすく、また、悲劇が周りにたくさん起こっているなかでも、神や仏に向かって歩んでいこうとされ、「人生や人の美しさ」を求めていかれましたが、何か、自分のなかで大切にされていたようなことはありますか？

川端康成　うーん……、まあ、それがねえ、まあ、一回きりの魂《たましい》じゃないからね。

質問者Ａ　ああ、やはり、過去世《かこぜ》から続いている蓄積《ちくせき》の部分があるということですね。

川端康成　うーん。

質問者A　そのような、とても厳しい環境にあって、周りの人たちに対して、愛情表現などが自分ではあまりうまくできていないと思っていたけれども、小さいころから、夜寝《ね》る前には布団《ふとん》の上で瞑想《めいそう》・合掌《がっしょう》して、そういうなかでも、自分に愛をかけてくれた人とか、恩をくれた人たちのことを思い浮《う》かべて、感謝する時間を取っていたというような逸話《いつわ》も遺《のこ》っています。

やはり、魂的に、過去の蓄積で、そういう魂の傾向性《けいこう》が心のなかから出てきていたということでしょうか。

川端康成　まあ、しかたがないよねえ。だから……、ノーベル賞のときにも、「美しい日本の私」とかいう講演をしたけどさ。まあ……、「美しい」が「日本」にも

「私」にもかかっているからね。

うーん、だから、人生を……、いやあ、死ぬときに、何て言うか、この国も美しく、人生も美しかったと思える人と、そうでない人には、やっぱり違《ちが》いは出るよな、うーん。

質問者A　確かに、先ほどの太宰さんとも坂口さんとも同じ時代を生きていて、戦争も体験して、そのなかでこれだけ人生観に違いがあるのを見ると、やはり人の心というのはすごい……。

川端康成　私は善悪だけを説いてるわけじゃないから、あれだけどね？　まあ、芸術家としての自覚はあるから。「美」を見いだそうとしてるっていうかなあ。まあ、画家が美しい絵を描《か》くほうが、やっぱり楽しいようにね？　文章を書く人でも、文章で書く世界、ね？　人間の生き方、そのなかにね、一条の光明《こうみょう》を見いださなきゃだね、やっぱり芸術家とは言えないからね。まあ、「美の奉仕者《ほうししゃ》」ではあるわけよ、うーん。

だけど、まあ、私は宗教家じゃないけどさ。隆法先生も、そういう環境や、ね？　人や、いろんな条件にかかわらず、素晴《すば》らしいものを見いだしていけって教えているんじゃないの？

質問者A　はい。

川端康成　うん。まあ、他人《ひと》のせいにして、堕落《だらく》したり人間失格する人は、数知れずなんだよ。

欲を制してさ、世の中のためになるもののために努力する。まあ、大変なことだと思うよ。だけど、簡単なことなんだが、簡単だけど簡単じゃないんだよ。

質問者A　実践《じっせん》するのは、さらに難しいということですね。

川端康成　うーん。まあ、それは「才能」という言葉で言えば、そこで終わりなんだけどね。だけど、才能そのものがね、確かに、あったとしても「結果論」なんだよな。

よい人生を生き切って、「結果論」であったんかなと思うことはあるが、折々に子供時代、青年時代、いろんなところを見たら、自分にどれだけの才能があるかなんて、分かる人はいないんだよ。「結果論」なんだよ。

結果が、やっぱり素晴らしいものになれば、才能があったんだろうよ。

だけど、世界はな、みんな、どういうふうにでも見えるようになっているんだよ。「一水四見《いっすいしけん》」というてな、水のなかから眺《なが》めれば、世界は違ったように見えるんでね。だから……、だから、同じ世界、濁世《じょくせ》、濁《にご》りし世の中を生きながらね、そのなかで、濁りて濁らず、透明《とうめい》な心で世の中を見つめることができたかどうかということとだなあ。

愚直《ぐちょく》な生き方であっても、人生は「過程」が大事

川端康成　いやあ、あなたがただってさ、堕落するきっかけはあると思うんだよ。先ほどの『法華経《ほけきょう》』の人（本書第二部 第1章参照）じゃないけどさ、『法華経』を使って商売すりゃあ、教団が大きくなって金も儲《もう》かって、って。で、学歴も足りないのを、ね？ 不足してるやつでも、先生になれるよな。作家でも先生になれるが、宗教家でも先生になれる。だけど、人を迷わしてそうなってるか、人を正しく導いてそうなってるか、その違いはあるな。

歌をつくったってさ、それは、人の心に響《ひび》くいい歌と、人の心を混濁《こんだく》させるような悪い曲があるけど、この世ではどっちがヒットするか分からないところもあるけどさ。残っていったもののなかには、それは淘汰《とうた》が進んでいて、名歌・名曲といわれるものと、そうでないものが出るだろうねえ。

まあ、多くの人に愛されて悪いことはないけども、それが、地獄《じごく》人口の増大につながる方向で愛されるんではいけないなっていう。「あの人も仲間なんだ。あんな有名な人まで仲間なんだから、まあ、いいじゃないか」っていう感じかな。

働いてお金を儲けるなんて、例えば愚直《ぐちょく》なことだよ。それよりは、銀行強盗《ごうとう》に入って金《かね》をふんだくって帰ったほうが早いけどさ。まあ……、まあ、そんなんだったら、でも、金がなきゃご飯《はん》も食べれんっていうんなら、もう人生、面倒《めんどう》くさいから、最初から働くのをやめて死んじゃってもいいっていう考えもあろうけどさ。まあ、その「過程」が大事なんだよな。

人生の手持ちの時間を、どう使って、どう生きるか

川端康成　いや、私も自殺したっていうことになってるけど、もう七十代で、仕事がな、そろそろきつくなってお迎《むか》えが来ておったでな。まあ、迷惑《めいわく》かけたくないしね、大勢の人にね。まあ……。

質問者Ａ　お迎えというのは、川端先生の場合はどのような感じだったんですか。もうそろそろ……。

川端康成　ちゃんと、だから、天上界《てんじょうかい》……、もう話もしていたけど、そういう人たちがお迎えに来とって、「もういいよ」っていう。「もう働いたし、もういいよ」っていう。

質問者Ａ　「もうこっちへ来ていいよ」と。

川端康成　うん、うーん。だから、「おまえが死んだからって、世の中が堕落はしないだろうよ」っていう、まあ、感じだったな、うん。

三島《みしま》君とかは、信念のために自害したんだろうけどさ。まあ、あれはあれで訴《うった》えるべきものはあったんだろうけど。三島が自害して五十年たって、まだ、この国は変わらないんだろうからさ。彼は彼で、この国をもうちょっと、うーん、まあ、憂《うれ》えてたから。憂国《ゆうこく》……、憂国だよな、してて、政治的なもんがあったからな。まあ、文学だけではなかったかもしらんがな。でも、あなたがたが言ってるものも、一部入ってるがな、そういうことはな。他人のことがどうでもよけりゃ、何も言わなくてもいいんだけどね、うん。

まあ、いろんな生き方といろんな死に方があるのさ。だけど、わずか百年ばかしの人生のうちの何十年かを生きる人が多いけど、「手持ちの時間を、どう使って、どう生きるか」、まあ、それにかかっているということだな。

松本清張《まつもとせいちょう》が本をいっぱい書いて、売れて儲かったとしても、それは、暗い世界ばかり書きすぎたな。うーん、そういうところとは、まあ、同じじゃないよな。

今の「芥川《あくたがわ》賞」とかもそんなところはあるんじゃないか？　暗い世界を書く。それから、「直木賞《なおき》」とかでも、何て言うか、まあ、自堕落的なエンタメみたいなものも多いんじゃないかな。

だから、何をもって生計の糧《かて》とするか、それは各人の自由が任されてはいるけど、結果は判定されるっていうことだよな、うーん。

3　本当に自分を愛している人とは
坂口安吾《さかぐちあんご》に言えるのは、「自分のことを考えすぎている」ということ

質問者Ａ　では、最後に、先ほどの坂口安吾《さかぐちあんご》さんのような感じで、文学界のなかにも地獄《じごく》はちゃんとあるというのが、一つの真実の姿だと思うのですけれども、川端先生が坂口さんに一言《ひとこと》声をかけるとしたら、どのような言葉をかけてあげますか。

川端康成　うーん、それは……、ちょっと自分のことを考えすぎなんだよ。

質問者Ａ　なるほど。

川端康成　自分のことばかり考えとるだろうが、うーん。一日……、一日でもないのかもしらんが、人生の九十九パーセント、自分のことばかり考えとるんだろう？　それも、まあ、何と言うか、「自我我欲《じががよく》」と言やあ、そうだよ。

だから、ね、自分のことではなくてな、自分の仕事を通して、人々のことや世の中のことを考えなきゃいけないんだよ。三島《みしま》君みたいに、国防もきっちりして、ね？　誇《ほこ》りのある国家にしようっていうような人もいるけど、私なんかは、文学を通して日本人に自信を持たせて、立ち直らせようとしてた人間だからね。欧米人《おうべいじん》に劣《おと》るものではないっていうことを。

質問者Ａ　確かに。ええ。

今、お話を聞いていて、改めて、日本のこの美しさなどを、文学を通して教えてくださった、そんな感じがすごくしますね。

川端康成　でも、まあ、そういう生き方に反発する人たちもいるよ、物書きにはな。そういう、下品なものを書き散らかして食って生きても何が悪いっていう人もいるけどさ。まあ、しかたがないねえ。そういう、重いものは沈《しず》み、軽いものは浮《う》いていくんだ。しかたがないじゃないか、うん、うん。

ちょっとな、だから、私みたいな者のほうが、あんまり〝自己中〟じゃないんで、意外にな。

質問者Ａ　先ほどの坂口さんもいろんなことを語っていましたが、やはり、自分のことを考えすぎているという論点に、集約されていくんだなと。なるほどという感じですね。

川端康成　そうなんだよ。うーん、〝自己中〟なんだよ。

質問者Ａ　自分のことばかり考えて、どう生きやすくなるかという。

この世に生きながら、神の世界を垣間《かいま》見させることが大事

川端康成　そこに大川隆法先生の本の広告が載《の》っておるがなあ。みんな、それ、他人《ひと》のことばかり考えてるだろう。なあ。

質問者Ａ　本当にいつも、他人のこと、日本のこと、世界のことばかり考えられています。

川端康成　世の中をどう変えていく、な？　で、自分のことはあんまり考えてないと思うよ。

うーん、そんなもん、なあ。「自分のことしか考えられない人間は、小さい」っていうことだよ、うん。

だから、まあ、ときどきは言っておられると思うが、やっぱり、永遠の世界、普《ふ》遍《へん》の世界に、一瞬《いっしゅん》なりともね、人に触《ふ》れさせることが大事なことなんだよ、うーん。この世に生きておりながら、そういう神の世界を垣間《かいま》見させることがね、それが大事なことなんじゃないかねえ。私はそう思うがね。

質問者Ａ　分かりました。

限りなく透明《とうめい》になることで、神や仏の光が感じられるようになる

質問者Ａ　川端先生の霊言《れいげん》をお聴《き》きしていても、こう、「美しい」という感じがします。

川端康成　ええ。人には違《ちが》いがあるんだよ。

だからな、それは「選び取り」なんだよ。何を選び取ったか。語彙《ごい》そのものは、

国語辞典には載ってるような語彙だよ。それをどう組み合わせるかによって文章が違ってきて、その文章が思想を表し、思想は人となりを表す。ね？「どういう自分を愛するか」っていうことだよな。本当に自分を愛している人は、自分以外の人を愛している人なんだよ。

偽物《にせもの》の自分を愛してる人はね、自分以外の人を害している人たちなんだよ。簡単なことだけど、簡単ではないんだな。というか、はっきりした、そうした、うーん……、まあ、測定する物差《ものさ》しがないんでね、この世ではね。だから、書店で言えば、本の販売《はんばい》部数とかね、そういうことが言えるんだろうけどさ。同じ部数売れたから、同じぐらいいい本だとは言えんわな。映画でも一緒《いっしょ》だよな。

まあ、だから、地獄的なものや、享楽《きょうらく》的なものや、人を破滅《はめつ》させるようなものが流行《はや》ったとしても、淡々《たんたん》としてわが道を行くことが大事なんじゃないかなあ、うーん。

質問者Ａ　はい。

川端康成　透明《とうめい》にな、透明になることで、限りなく透明になることで、神や仏の光が感じられるようになるんだよ、うーん。

（約五秒間の沈黙《ちんもく》）フフッ（笑）。

質問者Ａ　何だか、感動します。

川端康成　ありがとう。

質問者Ａ　美しいです。

川端康成　まだね、君たちの仕事を手伝う気はあるからさ。まあ、必要があれば呼んでくれよ。

質問者Ａ・Ｂ　ありがとうございました。

川端康成　うん、うん。

あとがき

人生は長いようで短い。無駄《むだ》なもののために使い、流れ去った時間は永遠の後悔として残るだろう。

読書にも無駄がある。テレビにも映画にも、スマホ、ケータイにも無駄がある。おそらく会社系の仕事も無駄の山だろう。そしてそれは、政治の世界にもそのまま通じるだろう。

男女の恋愛や、人間間のつきあいも無駄に満ちているだろう。

大切なことは、青年時代だけでなく、中年期、壮年期、晩年期にも、「真」「善」「美」を探し求める心を忘れないことだ。それが真の哲学や宗教の目指すものだ。

本書は、一つの目安である。芸術世界にだけ、悪がはびこっていいわけではないことを知るがよい。

二〇二〇年　十月三十日

幸福《こうふく》の科学《かがく》グループ創始者兼総裁《そうししゃけんそうさい》　大川隆法《おおかわりゅうほう》

『文豪たちの明暗』関連書籍

『芥川龍之介が語る「文藝春秋」論評』（大川隆法 著　幸福の科学出版刊）
『天才作家 三島由紀夫の描く死後の世界』（同右）
『「文春」に未来はあるのか――創業者・菊池寛の霊言――』（同右）
『ドストエフスキーの霊言』（同右）
『トルストイ――人生に贈る言葉』（同右）
『地獄の条件――松本清張・霊界の深層海流』（同右）

文豪《ぶんごう》たちの明暗《めいあん》
――太宰治、芥川龍之介、坂口安吾、川端康成の霊言――

2020年11月13日　初版第1刷

著　者　大《おお》川《かわ》隆《りゅう》法《ほう》

発行所　幸福の科学出版株式会社
〒107-0052 東京都港区赤坂2丁目10番8号
TEL(03)5573-7700
https://www.irhpress.co.jp/

印刷・製本　株式会社 堀内印刷所

落丁・乱丁本はおとりかえいたします

ISBN978-4-8233-0226-8 C0095
帯 時事アーカイブ
装丁・イラスト・写真（上記・パブリックドメインを除く）©幸福の科学

大川隆法 霊言シリーズ・文豪・作家たちの死後の真実

芥川龍之介が語る「文藝春秋」論評

菊池寛の友人で、数多くの名作を遺した芥川龍之介からのメッセージ。菊池寛の死後の様子や「文藝春秋」の実態が明かされる。

1,300 円

天才作家 三島由紀夫の描く死後の世界

あの壮絶な自決の真相、死後の行き先、国家存亡の危機に瀕する現代日本に何を思うのか。ついに明かされる三島由紀夫の本心。

1,400 円

幸田露伴かく語りき

スピリチュアル時代の＜努力論＞

努力で破れない運命などない！ 電信技手から転身し、一世を風靡《ふうび》した明治の文豪が語る、どんな環境をもプラスに転じる「成功哲学」とは。

1,400 円

地獄の条件 ―松本清張・霊界の深層海流

社会悪を追及していた作家が、なぜ地獄に堕ちたのか？ 戦後日本のマスコミを蝕《むしば》む地獄思想の源流の一つが明らかになる。

1,400 円

※表示価格は本体価格（税別）です。

大川隆法 霊言シリーズ・文豪・作家たちの死後の真実

国民的作家 吉川英治の霊言

「人間の徳」「時代の正義」とは何なのか——。『宮本武蔵』や『三国志』を書いた、大正・昭和期を代表する作家・吉川英治が語る、「真の英雄」論。

1,400円

司馬遼太郎 愛国心を語る

大局観なき日本の〝週刊誌政治〟に一喝。北朝鮮の延命戦略と韓国ファシズム、そして中国の「天下二分の計」に直面する今、司馬遼太郎が日本に必要な英雄像を語る。

1,400円

「文春」に未来はあるのか

創業者・菊池 寛の霊言

地獄界からの影響を受け、偏見と妄想に満ちた週刊誌ジャーナリズムによる捏造《ねつぞう》記事の実態と、それを背後から操る財務省の目論見を暴く。

1,400円

大川咲也加の文学のすすめ ～日本文学編～

大川咲也加　著

大川隆法著作シリーズの「視点」から、「日本文学」の魅力を再発見！ 心をうるおす、他にはない「文学入門」。名作41作品のあらすじ付き。

1,400円

大川隆法 霊言シリーズ・現代文学の光と影

小説家・景山民夫が見たアナザーワールド

唯物論は絶対に捨てなさい

やっぱり、あの世はありました！ 直木賞作家が語る「霊界見聞録」。本人が、衝撃の死の真相を明かし、あの世の様子や暮らしぶりを面白リポート。

1,400円

山崎豊子 死後第一声

社会悪の追究、運命に翻弄される人間、その先に待ち受けるものとは──。社会派小説の第一人者が、作品に込めた真意と、死後に赴く世界を語る。

1,400円

「失楽園」のその後

痴の虚人 渡辺淳一直伝

『失楽園』『愛の流刑地』など、男女の性愛を描いた小説家・渡辺淳一は、あの世でどんな世界に還ったのか。死後11日目の衝撃のインタビュー。

1,400円

村上春樹が売れる理由

深層意識の解剖

独自のマーケティング手法から、創作の秘密、今まで語られなかった人生観、宗教観、政治観まで。ベストセラー作家の深層意識を解剖する。

1,400円

※表示価格は本体価格（税別）です。

大川隆法 霊言シリーズ・世界の文豪の真実に迫る

ドストエフスキーの霊言

ロシアの大文豪に隠された魂の秘密

『罪と罰』で知られるロシアの文豪・ドストエフスキーが、その難解な作品に込めた真意を語る。個人や社会、国家をも変える文学の可能性とは。

1,400 円

トルストイ ——人生に贈る言葉

ロシアが生んだ世界的文豪トルストイが、21世紀の日本人に贈る真の平和論、人生論。人類史をくつがえす衝撃の過去世も明らかに。

1,400 円

オスカー・ワイルドの霊言

ほんとうの愛と LGBT 問題

英語霊言
日本語訳付き

世界で広がるLGBTの新しい波。同性愛はどこまで許されるのか。真の愛、真の美とは何であるのか。イギリス世紀末文学の代表的作家が、死後119年目の本心を語る。

1,400 円

大川咲也加の文学のすすめ ～世界文学編～(上・中・下)

大川咲也加　著

文学のなかには「人生の真実」がある──。トルストイ、ドストエフスキー、シェークスピア、ジッド、ディケンズ、羅《ら》貫中《かんちゅう》などの作品を紹介。初公開の「新霊言」も多数収録。

各 1,400 円

幸福の科学出版

大川隆法シリーズ・**最新刊**

何を以って愛とするか

ジョン・レノンの霊言

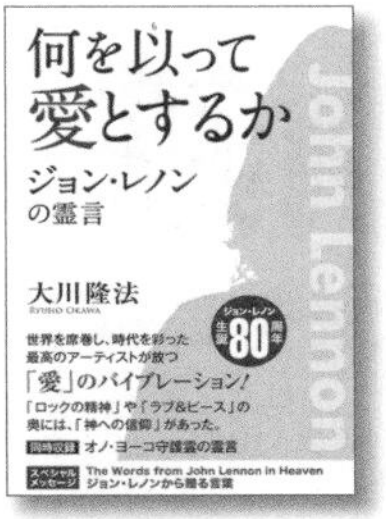

ジョン・レノンが体現した「ロックの精神」、そして「愛」「自由」とは？ オノ・ヨーコ守護霊の霊言、楽曲歌詞〈ジョン・レノンから贈る言葉〉を同時収録。

1,400円

心眼を開く

心清らかに、真実を見極める

心眼を開けば、世界は違って見える——。個人の心の修行から、政治・経済等の社会制度、「裏側」霊界の諸相まで、物事の真実を見極めるための指針を示す。

1,500円

天照大神よ、神罰は終わったか。

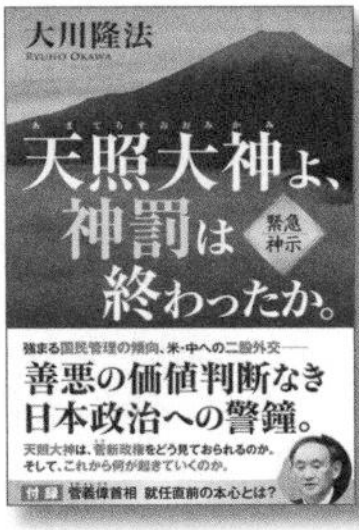

コロナ禍、経済不況、相次ぐ天災——。天照大神から全国民へ、危機の奥にある天意と日本の進むべき道が示される。〈付録〉菅義偉総理 就任直前の守護霊霊言

1,400円

大川隆法 東京ドーム講演集

エル・カンターレ「救世の獅子吼《ししく》」

全世界から5万人の聴衆が集った情熱の講演が、ここに甦る。過去に11回開催された東京ドーム講演を収録した、世界宗教・幸福の科学の記念碑的な一冊。

1,800円

マドリード国際映画祭
長編外国語映画部門
最優秀作品賞
レインダンス映画祭
特別上映作品
サンディエゴ国際映画祭
公式選出作品
夜明けを信じて。
すべてを捨て、ただ一人往く。
10.16
Roadshow
製作総指揮・原作　大川隆法
田中宏明　千眼美子　長谷川奈央　並樹史朗　窪塚俊介　芳本美代子　芦川よしみ　石橋保
監督／赤羽博　音楽／水澤有一　脚本／大川咲也加　製作／幸福の科学出版　製作協力／ARI Production　ニュースター・プロダクション
制作プロダクション／ジャンゴフィルム　配給／日活　配給協力／東京テアトル　© 2020 IRH Press　NIKKATSU　https://yoake-shinjite.jp/

幸福の科学グループのご案内

宗教、教育、政治、出版などの活動を通じて、地球的ユートピアの実現を目指しています。

幸福の科学

一九八六年に立宗。信仰の対象は、地球系霊団の最高大霊、主エル・カンターレ。世界百四十カ国以上の国々に信者を持ち、全人類救済という尊い使命のもと、信者は、「愛」と「悟り」と「ユートピア建設」の教えの実践、伝道に励んでいます。

（二〇二〇年十一月現在）

愛

幸福の科学の「愛」とは、与える愛です。これは、仏教の慈悲《じひ》や布施《ふせ》の精神と同じことです。信者は、仏法真理をお伝えすることを通して、多くの方に幸福な人生を送っていただくための活動に励んでいます。

悟り

「悟り」とは、自らが仏の子であることを知るということです。教学《きょうがく》や精神統一によって心を磨き、智慧《ちえ》を得て悩みを解決すると共に、天使・菩薩《ぼさつ》の境地を目指し、より多くの人を救える力を身につけていきます。

ユートピア建設

私たち人間は、地上に理想世界を建設するという尊い使命を持って生まれてきています。社会の悪を押しとどめ、善を推し進めるために、信者はさまざまな活動に積極的に参加しています。

国内外の世界で貧困や災害、心の病で苦しんでいる人々に対しては、現地メンバーや支援団体と連携して、物心両面にわたり、あらゆる手段で手を差し伸べています。

年間約２万人の自殺者を減らすため、全国各地で街頭キャンペーンを展開しています。

公式サイト **www.withyou-hs.net**

自殺防止相談窓口

受付時間　火～土:10～18時（祝日を含む）

TEL **03-5573-7707**　メール **withyou-hs@happy-science.org**

ヘレン・ケラーを理想として活動する、ハンディキャップを持つ方とボランティアの会です。視聴覚障害者、肢体不自由な方々に仏法真理を学んでいただくための、さまざまなサポートをしています。

公式サイト **www.helen-hs.net**

入会のご案内

幸福の科学では、大川隆法総裁が説く仏法真理《ぶっぽうしんり》をもとに、「どうすれば幸福になれるのか、また、他の人を幸福にできるのか」を学び、実践しています。

入会

仏法真理を学んでみたい方へ

大川隆法総裁の教えを信じ、学ぼうとする方なら、どなたでも入会できます。入会された方には、『入会版「正心法語《しょうしんほうご》」』が授与されます。

ネット入会　入会ご希望の方はネットからも入会できます。

happy-science.jp/joinus

三帰《さんき》誓願《せいがん》

信仰をさらに深めたい方へ

仏弟子としてさらに信仰を深めたい方は、仏《ぶっ》・法《ぽう》・僧《そう》の三宝《さんぽう》への帰依を誓う「三帰誓願式」を受けることができます。三帰誓願者には、『仏説・正心法語』『祈願文《きがんもん》①』『祈願文②』『エル・カンターレへの祈り』が授与されます。

幸福の科学 サービスセンター
TEL 03-5793-1727
（受付時間／火～金：10～20時　土・日祝：10～18時（月曜を除く））

幸福の科学 公式サイト
happy-science.jp

ハッピー・サイエンス・ユニバーシティ

Happy Science University

ハッピー・サイエンス・ユニバーシティとは

ハッピー・サイエンス・ユニバーシティ（HSU）は、大川隆法総裁が設立された「現代の松下村塾」であり、「日本発の本格私学」です。
建学の精神として「幸福の探究と新文明の創造」を掲げ、
チャレンジ精神にあふれ、新時代を切り拓く人材の輩出を目指します。

人間幸福学部　経営成功学部　未来産業学部

HSU長生キャンパス TEL **0475-32-7770**
〒299-4325　千葉県長生郡長生村一松丙 4427-1

未来創造学部

HSU未来創造・東京キャンパス
TEL **03-3699-7707**
〒136-0076　東京都江東区南砂2-6-5　公式サイト **happy-science.university**

学校法人 幸福の科学学園

学校法人 幸福の科学学園は、幸福の科学の教育理念のもとにつくられた教育機関です。人間にとって最も大切な宗教教育の導入を通じて精神性を高めながら、ユートピア建設に貢献する人材輩出を目指しています。

幸福の科学学園

中学校・高等学校（那須本校）
2010年4月開校・栃木県那須郡（男女共学・全寮制）
TEL **0287-75-7777** 公式サイト **happy-science.ac.jp**

関西中学校・高等学校（関西校）
2013年4月開校・滋賀県大津市（男女共学・寮及び通学）
TEL **077-573-7774** 公式サイト **kansai.happy-science.ac.jp**

仏法真理塾「サクセスNo.1」

全国に本校・拠点・支部校を展開する、幸福の科学による信仰教育の機関です。小学生・中学生・高校生を対象に、信仰教育・徳育にウエイトを置きつつ、将来、社会人として活躍するための学力養成にも力を注いでいます。

TEL 03-5750-0751（東京本校）

エンゼルプランV

東京本校を中心に、全国に支部教室を展開しています。信仰に基づいて、幼児の心を豊かに育む情操教育を行っています。また、知育や創造活動を通して、子どもの個性を大切に伸ばし、天使に育てる幼児教室です。

TEL 03-5750-0757（東京本校）

不登校児支援スクール「ネバー・マインド」

TEL 03-5750-1741

心の面からのアプローチを重視して、不登校の子供たちを支援しています。

ユー・アー・エンゼル！（あなたは天使！）運動

障害児の不安や悩みに取り組み、ご両親を励まし、勇気づける、障害児支援のボランティア運動を展開しています。

一般社団法人 ユー・アー・エンゼ

TEL 03-6426-7797

NPO活動支援

学校からのいじめ追放を目指し、さまざまな社会提言をしています。また、各地でのシンポジウムや学校への啓発ポスター掲示等に取り組む一般財団法人「いじめから子供を守ろうネットワーク」を支援しています。

いじめから子供を守ろうネットワーク

公式サイト mamoro.org　ブログ blog.mamoro.org

相談窓口 TEL.03-5544-8989

百歳まで生きる会

「百歳まで生きる会」は、生涯現役人生を掲げ、友達づくり、生きがいづくりをめざしている幸福の科学のシニア信者の集まりです。

シニア・プラン21

生涯反省で人生を再生・新生し、希望に満ちた生涯現役人生を生きる仏法真理道場です。定期的に開催される研修には、年齢を問わず、多くの方が参加しています。

全世界212カ所（国内197カ所、海外15カ所）で開校中。

【東京校】 TEL 03-6384-0778　FAX 03-6384-0779

メール senior-plan@kofuku-no-kagaku.or.jp

幸福実現党

幸福実現党 釈量子サイト shaku-ryoko.net
Twitter 釈量子@shakuryokoで検索

内憂外患《ないゆうがいかん》の国難に立ち向かうべく、2009年5月に幸福実現党を立党しました。創立者である大川隆法党総裁の精神的指導のもと、宗教だけでは解決できない問題に取り組み、幸福を具体化するための力になっています。

党の機関紙
「幸福実現党NEWS」

幸福実現党 党員募集中

あなたも幸福を実現する政治に参画しませんか。

○幸福実現党の理念と綱領、政策に賛同する18歳以上の方なら、どなたでも参加いただけます。
○党費:正党員(年額5千円[学生 年額2千円])、特別党員(年額10万円以上)、家族党員(年額2千円)
○党員資格は党費を入金された日から1年間です。
○正党員、特別党員の皆様には機関紙「幸福実現党NEWS(党員版)」(不定期発行)が送付されます。

＊申込書は、下記、幸福実現党公式サイトでダウンロードできます。
住所:〒107-0052 東京都港区赤坂2-10-8 6階 幸福実現党本部
TEL 03-6441-0754 FAX 03-6441-0764
公式サイト hr-party.jp

幸福の科学出版

大川隆法総裁の仏法真理の書を中心に、ビジネス、自己啓発、小説など、さまざまなジャンルの書籍・雑誌を出版しています。他にも、映画事業、文学・学術発展のための振興事業、テレビ・ラジオ番組の提供など、幸福の科学文化を広げる事業を行っています。

アー・ユー・ハッピー?
are-you-happy.com

ザ・リバティ
the-liberty.com

幸福の科学出版
TEL **03-5573-7700**
公式サイト **irhpress.co.jp**

THE FACT

ザ・ファクト
マスコミが報道しない
「事実」を世界に伝える
ネット・オピニオン番組

ザ・ファクト 検索

NEW STAR PRODUCTION

ニュースター・プロダクション

「新時代の美」を創造する芸能プロダクションです。多くの方々に良き感化を与えられるような魅力あふれるタレントを世に送り出すべく、日々、活動しています。 公式サイト **newstarpro.co.jp**

ARI Production

ARI《アリ》 Production《プロダクション》

タレント一人ひとりの個性や魅力を引き出し、「新時代を創造するエンターテインメント」をコンセプトに、世の中に精神的価値のある作品を提供していく芸能プロダクションです。 公式サイト **aripro.co.jp**

大川隆法　講演会のご案内

大川隆法総裁の講演会が全国各地で開催されています。講演のなかでは、毎回、「世界教師」としての立場から、幸福な人生を生きるための心の教えをはじめ、世界各地で起きている宗教対立、紛争、国際政治や経済といった時事問題に対する指針など、日本と世界がさらなる繁栄の未来を実現するための道筋が示されています。

2019年12月17日 さいたまスーパーアリーナ「新しき繁栄の時代へ」

2019年10月6日 ザ ウェスティン ハーバーキャッスル トロント(カナダ)「The Reason We Are Here」

2019年7月5日 福岡国際センター「人生に自信を持て」

2019年3月3日 グランド ハイアット 台北(台湾)「愛は憎しみを超えて」

2019年7月13日 ホテル イースト21 東京「幸福への論点」

講演会には、どなたでもご参加いただけます。最新の講演会の開催情報はこちらへ。⟹ 大川隆法総裁公式サイト https://ryuho-okawa.org